D1730969

Der Autor

Stuart Wilde, Jahrgang 1946, ist ein Stadtschamane und ein moderner Visionär. Bis dato hat er 15 Bücher zu den Themen Bewußtsein und Wahrnehmung verfaßt, mit denen er sich seit über zwanzig Jahren beschäftigt. Seine ungewöhnliche Auffassungsgabe und sein etwas skurriler Stil (er ist schließlich Brite!), die es ihm gestatten, Dinge, die zuvor im Nebel des Mysteriums lagen, leicht verständlich und nachvollziehbar zu erklären, haben ihm über die Jahre eine treue Leserschaft und Fangemeinde eingebracht. (www.stuartwilde.com)

Das Buch

Dieses Buch ist wohl das persönlichste, das Stuart Wilde je geschrieben hat. Er zeigt anhand seiner eigenen spirituellen Entwicklung, daß Gut und Böse Seite an Seite mit dem Licht kämpfen. Seine Erfahrungen weisen uns den Weg, wie wir unseren allzu beengenden Verstand hinter uns lassen können, und offenbaren, auf welche Weise wir uns selbst immer wieder kontrollieren und kontrollieren lassen. Das Buch ist aufrüttelnd und stellenweise mit voller Absicht provozierend; es räumt auf mit allzu bequemen, aber weit verbreiteten spirituellen Ansichten und Weltanschauungen. Stuart Wilde offenbart uns in diesem Werk, daß wir wahre Kämpfer im Dienste der göttlichen Kraft werden können, wenn wir bereit sind, alle Begrenzungen hinter uns zu lassen, selbst die unserer eigenen Sterblichkeit und die Vorstellung, perfekt sein zu müssen.

Stuart Wilde

GOTTESKRIEGER

Laufen Sie los in die Freiheit!

aus dem Englischen von
Isabella Kowatsch

Schirner
Verlag

Copyright © 2001 by Stuart Wilde
Original Title: God's Gladiators

ISBN 3-89767-276-6
Neue ISBN ab 2007: 978-89767-276-5

© für die deutschsprachige Ausgabe
2006 Schirner Verlag, Darmstadt
Erste Auflage

Alle Rechte an der deutschen Übersetzung vorbehalten

Übersetzung: Isabella Kowatsch
Umschlag: Murat Karaçay
Redaktion & Satz: Kirsten Glück
Herstellung: Reyhani Druck & Verlag, Darmstadt

Printed in Germany

www.schirner.com

Inhaltsverzeichnis

Kapitel 1
Morphende Wände, spirituelle Sklaverei und ähnliches 7

Kapitel 2
Matrix – Film und Wirklichkeit 19

Kapitel 3
Der freie Wille ist etwas für Amateure 23
    She-She-La-La 24
    Der freie Wille ist etwas für Amateure 26
    Gefühle, Emotionen und Sinneswahrnehmungen 29

Kapitel 4
Die Vision der ›Dawn Trader‹ 37

Kapitel 5
Stuie und die Herrin vom See 41

Kapitel 6
Fehlinformationen und die falschen Götter 79
    Wo sind wir? 79
    Die falschen Götter der Unsterblichkeit 88

Kapitel 7
Laufen Sie los in die Freiheit 97

Kapitel 8
Felder über Felder – der Mechanismus der Kontrolle 99

Kapitel 9
Die Transdimensionalen und das UFO-Spiel 123

Kapitel 10
Wie oben, so unten 133

Kapitel 11
Auf der ätherischen Ebene gefangene erdgebundene
Geister 161

Kapitel 12
Entführungen, Kornkreise, Rinderverstümmelungen
und so weiter 197

Kapitel 13
Noch mehr Desinformation 203

Kapitel 14
Der Endlauf 213

Morphende Wände, spirituelle Sklaverei und ähnliches

Nach vielen Jahren des Probierens lichtete sich bei mir der Schleier zwischen dieser Welt und der nächsten. Zuerst begannen die Wände meines Hauses vom festen in den flüssigen Zustand zu morphen, sich zu verwandeln, und dann erblickte ich jenseits der irdischen Existenz die Ewigkeit der Schöpfung. Natürlich fragte ich mich, ob ich mir das alles nur einbilde. Aber andere, die mir nahestehen, begannen dieselben Phänomene wahrzunehmen, und nach hundert solcher Erfahrungen war ich schließlich ziemlich überzeugt. Dann, eines Tages im August 2000, ging ich durch die Wand meines Hotelzimmers in New Orleans – danach hatte ich keinerlei Zweifel mehr.

Ich bin mir nicht ganz sicher, wie ich das gemacht habe. Es war nicht meine Absicht, durch die Wand zu gehen. Zuerst morphte sie von fest zu dunstig, dann sah sie seifig aus, und plötzlich wurde ich durch sie hindurch auf die andere Seite gezogen. Ich dachte, ich wäre nur ein paar Minuten weggewesen, aber als ich in mein Zimmer zurückkam, bemerkte ich, daß auf der Uhr auf meinem Nachttisch 50 Minuten Erdzeit vergangen waren. Jenseits der irdischen Ebene gibt es natürlich keine reale Zeit – alles ist ewig, auch Sie. Die Ewigkeit scheint zwischen den Atomen und Molekülen zu liegen.

Seit damals habe ich viele sehr eigenartige Dinge erlebt: Wesen, die in meiner Wahrnehmung auftauchen und verschwinden, wobei einige menschlich aussehen und andere nicht; Wände, die sich krümmen und wabern; der seltsame, (in der Umgebung, in der ich mich zu der Zeit befand) unerklärliche Duft von Blumen; das Aufflackern von Licht; und Türen, endlos viele Türen. Überall um uns herum gibt es Welten, die viel komplizierter sind, als Sie sich das jemals vorstellen können. Es gibt Dunkelheit und Licht. Die Geschichten, die man uns über die geistigen Welten und das Leben nach dem Tod erzählt, sind zum Teil annähernd zutreffend, aber in manch anderer Hinsicht völlig ungenau. Im folgenden schildere ich ein paar der Dinge, die ich gesehen habe, natürlich so, wie ich sie verstanden habe.

Reinkarnationslehren, die besagen, daß wir für lange Zeit ein Leben nach dem anderen leben, Schmerz und Verwirrung erleiden, bis wir allmählich Gott und das Nirwana erreichen, stimmen nicht wirklich. Ich glaube, die Reinkarnation ist wahrscheinlich nur eine schaurige Geschichte, die man erfunden hat, um uns zu bremsen. Sie soll dafür sorgen, daß wir nicht selbstsicher genug werden, um nach der Wahrheit zu suchen. Gott ist genau hier, nicht am Ende einer Reise. Und wir, jeder von uns, steht im Mittelpunkt von allem. Wir müssen nirgendwo hingehen. Wir sind bereits dort. Reinkarnation bezeichnet nur einen himmlischen Ort. Die Schöpfung ist ein Hologramm. Sie ist überall. Wir sind überall. Alles und jeder, der je gelebt hat, ist in uns: Hitler, Mutter Teresa, Dschingis-Khan, die größten Schöpfer, die Heiligen, die Tierwelt, das Pflanzenreich und so weiter. Sie alle sind in uns, und wir sind in ihnen.

Wir sind jedes Wesen, das jemals gelebt hat. Das Königreich Gottes ist in unserem Inneren.

Wissenschaftler sagen, daß unser Universum aus Billionen und Aberbillionen von Partikeln besteht. Damit liegen sie nicht ganz richtig. Es gibt nur ein paar wenige grundlegende Partikel (drei, wie ich glaube, und vielleicht noch die Antipartikel), und sie sind überall – was den Eindruck erweckt, daß es Billionen davon auf jedem Quadratzentimeter unserer Realität gibt. In Wahrheit handelt es sich aber um ein Hologramm derselben drei Partikel. Wenn ein Wissenschaftler ein Partikel in einem Beschleuniger zertrümmert, dann zertrümmert er genaugenommen das, was ihm wie ein Partikel erscheint, doch es war nur ein Hologramm. Er kann das echte Partikel nicht zertrümmern, denn es ist nicht da. Das holographische Universum ist winzig klein und gleichzeitig riesengroß.

Die drei Naturkräfte – elektromagnetische sowie schwache und starke nukleare Energie – existieren nicht getrennt voneinander, außerdem verbinden sie sich nicht nur in der grobstofflichen Welt, sondern auch in der Ewigkeit. Die Schwerkraft gehört nicht zu diesen drei Kräften, deshalb gelingt es den Forschern auch nicht, sie mit den anderen zu vereinigen. Die Schwerkraft stellt die Symmetrie her zwischen den drei grundlegenden Partikeln, bildet die Grundlage für eine den drei Partikeln innewohnende Geometrie. Sie ist keine separate Kraft, sondern eine Form, die auf die drei grundlegenden Partikel zurückzuführen ist, und sie gehört nur in die feste dreidimensionale Welt. Die Schwerkraft ist ein Faktor der wahren Natur der Partikel, die unsere materielle Form ausmachen. Sobald wir in die anderen Dimensionen ›nach oben rotieren‹, wechseln, gibt es keinen festen Zustand mehr, und die Schwerkraft hört auf zu existieren.

Die zeitgenössische Vorstellung, daß unsere dreidimensionale Realität zehn Dimensionen nach oben rotiert und dann weiter bis hoch zu 26 Dimensionen, ist richtig. Was danach passiert, falls überhaupt etwas passiert, kann ich nicht sagen. Ich für meinen Teil habe eine Spiegelwelt gesehen, die in meinen Augen so aussah, als wäre sie möglicherweise ein Teil der 26 Dimensionen. Diese Welt ist vielleicht einfach die der Antipartikel, vielleicht auch nicht. Ich weiß es noch nicht (die Realität kehrt sich im Bruchteil einer Sekunde von innen nach außen und von außen nach innen, und zwar mehrere Millionen Male, durch 26 Dimensionen; die nach außen gekehrte Version ist die Spiegelwelt). Wir Menschen sind in dieser Dimension von innen nach außen gekehrt (eine weiter in die Tiefe gehende Erklärung dafür finden Sie in Kapitel 13 meines Buchs *Der sechste Sinn*).

In der feinstofflichen Welt gibt es offenbar keine Schwerkraft, und sobald die dreidimensionale Materie zu morphen beginnt, könnten Sie eine Billardkugel auf den Boden fallen lassen, und sie würde einfach hindurchfallen. Es ist die Zeit, die dafür sorgt, daß wir die Materie als fest wahrnehmen. Durch das Hinzukommen der Komponente Zeit stellt sich allmählich der feste Zustand ein. Wir nehmen die Materie nicht nur deshalb wahr, weil die Atome schnell oszillieren, um Festigkeit zu erzeugen, sondern auch, weil sich unser Verstand in der Zeit vorwärts bewegt. Und eben dessen Zeitgebundenheit ist es, die eine Wand hart erscheinen läßt. Denken und Materie sind miteinander verbunden. Sobald wir unseren Verstand anhalten, beginnt die Wand nach ungefähr 20 Sekunden zu morphen.

In der feinstofflichen Welt werden Dinge durch ihr wahres ›Empfinden‹ zusammengehalten – die Kraft der Anziehung. Die Schwerkraft ist eine dreidimensionale Version dieses wahren Empfindens. Liebe zieht an, Haß stößt ab. Die Schwerkraft formt die Geometrie der Liebe in unserem dreidimensionalen Universum. Und wie gesagt, die drei anderen Kräfte – die elektromagnetische sowie die schwache und die starke nukleare Energie – sind eins. Sie gehören jenseits der Dreidimensionalität auf einer höheren Ebene zusammen, obwohl wir sie in unserer dreidimensionalen Welt wahrnehmen. Sie sind Teil der Ewigkeit. Deshalb erreicht die Mathematik der Einheitlichen Feldtheorie die Unendlichkeit; und diese »Anomalie« bewirkt, daß die Forscher meinen, sie lägen falsch. Sie haben die Antwort gefunden, aber sie sehen sie nicht – denn eben die Unendlichkeit ist die Antwort. Verbänden sie die drei Naturkräfte, ließen sie die Schwerkraft beiseite, weil sie auf einer höheren Ebene nicht existiert – sie hätten den Ansatz für eine funktionierende Theorie. Etwas fehlt, heißt es, weil es vier Kräfte gibt, doch die Schwerkraft gehört nicht dazu – aber lassen Sie uns das im Augenblick vergessen. Denken wir einfach an das Offensichtliche, daß die Schwerkraft hier auf der Erde ist. Wir können sie nicht in eine andere Dimension rotieren, so wie wir keinen Berg in die Luft schleudern können. Es ist seltsam, daß die Wissenschaftler das nicht erkennen, denn es ist selbstverständlich, wenn man nicht zu kompliziert denkt.

Die Lehren von Yin und Yang sind auch nicht ganz richtig. In einer höheren Dimension des Hologramms gibt es so etwas nicht – die Dualität ist eine Illusion. Es gibt keine getrennten

Prinzipien von ›männlich‹ oder ›weiblich‹; es sind zwei Seiten, zwei Aspekte derselben Sache. Das multidimensionale feinstoffliche und materielle Universum, die Schöpfung, ist an sich weiblich. Das Männliche ist Teil ihrer Traurigkeit – denn damit die Schöpfung stattfinden konnte, mußte sie einen Teil von sich abtrennen. Die Annahme, daß die Frau aus Adams Rippe geschaffen wurde, ist falsch; genau das Gegenteil ist richtig, so wie bei den meisten Dingen, die man uns beigebracht hat. Es war also das Männliche, das sich von ihr (Eva) abspaltete, und nicht umgekehrt. In der Männlichkeit ist eine Erinnerung enthalten, die die meisten nicht sehen: Es birgt eine tiefe Einsamkeit und Traurigkeit darüber, daß sie scheinbar vom weiblichen Ganzen getrennt ist. Doch diese Trennung ist nur vorübergehend, nur eine Illusion. Im einheitlichen Hologramm ist das Männliche mit allen Dingen verbunden. Es ist das Schicksal des Kriegers, sich selbst die Absolution zu erteilen, sich zu läutern und zu ihr – der Göttin – zurückzukehren. Sie ist das multidimensionale Universum. Die Lehren über Gott und das Leben nach dem Tod sind stark vereinfachend. Sie sind eine schreckliche Falle, die uns gestellt wurde, um uns zu kontrollieren. Darauf werde ich später noch eingehen. Das Leben ist eine Falle. Wir leben, wie ich schon in meinen anderen Büchern erläutert habe, in einem von unserem Verstand und für unseren Verstand errichteten Gefängnis; in früheren Zeiten nannte man es die Reflektierende Sphäre (die Sphäre). Sie ist überall und tief in allen religiösen Lehren und der New-Age-Philosophie verwurzelt – ja, in jeder spirituellen Methode enthalten, die je erfunden wurde. Das alles, wovon wir glauben, es sei heilig und gut, all die Ideen und Methoden, von denen wir meinen, sie würden uns in den

Status von Auserwählten (die gerettet und aufsteigen werden) erheben, sind ein Trick, der unsere angeborene Heiligkeit lächerlich macht und herabsetzt, indem er uns tiefer in das Gefängnis der Sphäre hineinzieht – das Gefängnis unseres Verstandes.

**TUT MIR LEID, TUT MIR LEID,
LIEBE MICH, LIEBE MICH.**

Wenn einem das klar wird, kann man nicht anders: Man muß sich übergeben. Doch bevor Sie soweit sind, das zu akzeptieren, werden Sie erst einmal wütend werden und mir nicht glauben wollen. Die Vorstellung, daß jemand auserwählt ist, ist eine Lüge, die man erfunden hat, um die Menschen zu kontrollieren. Sie ist eine Methode des Verstandes, mit der er sich selbst täuscht.

Woher wissen Sie, daß Gott spirituell ist? Sie wissen es nicht. Sie haben es nie hinterfragt. Sie werden so vollkommen manipuliert, daß Sie wahrscheinlich gar nie daran gedacht haben, diese Ansicht in Frage zu stellen – es ist gegen ›das Gesetz‹. Was ist Gesetz? Ein Haufen Dreck – Regeln, die uns kontrollieren; Stacheldraht für unseren Verstand.

Die Sphäre führt uns gnadenlos hinters Licht; sie ist ziemlich abgebrüht. Gott ist nicht spirituell, zumindest nicht in dem heiligen Sinne, in dem wir das Wort ›spirituell‹ verstehen. Gott kann nicht spirituell sein, denn wenn er es wäre, dann würde ihn dies zu etwas Besonderem machen. Besonders zu sein, ist eine Vorstellung, die das Ego eingeführt hat, um sich sicherer zu fühlen. Auf diese Weise lockt das Ego uns in die Falle und quält uns. Gott ist nicht unsicher, also muß er nicht besonders sein. Gott kann nicht besonders sein. Er ist über alle Maßen großartig, aber er ist bescheiden, und er ist überall. So etwas wie ›spirituell‹ gibt es nicht, nicht in dem lächerlichen Sinn, wie wir es uns einbilden. Die Vorstellung, Gott sei ›spirituell‹, ist nur ein weiterer Schwindel, den uns die satten Kontrolleure dieser Welt unterjubeln wollen, um uns im Zaum zu halten. Auf diese Weise halten sie uns gefangen.

Das menschliche Ego, das manchmal ängstlich ist, möchte gern daran glauben, daß Gott spirituell ist, damit es sich selbst wichtiger nehmen kann. Das ist traurig. Und es ist falsch. Es ist eine Vorstellung, die dafür sorgt, daß wir der wahren Welt – der echten Wahrheit – niemals nahe kommen. Wir haben uns auf die Annahme, Gott sei spirituell, eingelassen, damit wir bloß nie den Schrecken ertragen müssen, die Wahrheit zu sehen oder zu verstehen. Das gehört zum Schutzmechanismus unseres Verstandes. Es ist wie ein Kondom; eines, das dafür sorgt, daß wir nie mit der Wahrheit infiziert werden, denn sonst würde unsere Welt zusammenbrechen. Es ist ein ständiger Kampf, die Illusion dessen, wie wir die Welt, unser Leben und unsere Realität wahrnehmen, aufrechtzuerhalten. Es ist mühsam und schmerzvoll, aber für viele es ist weniger grauenhaft als die psychologische und spirituelle Erfahrung, die sie machen, wenn sie die wahre Natur der Schöpfung erkennen.

Sobald wir Gott sehen, wird uns klar, daß er mehr als ein weißes Licht ist, und uns wird ebenfalls klar, daß all die spirituellen Lehren nur dazu da sind, uns zu versklaven. Wahrscheinlich haben Sie es schon die ganze Zeit gewußt. Vielleicht hatten Sie, so wie ich, anfangs viel zuviel Angst, es zu akzeptieren. Es war zu beängstigend. Aber Jahre des transdimensionalen Terrors haben mich geheilt. Ich wurde mutig.

Ich habe nicht nachgegeben. Ich hatte Glück. Und ich bin beinahe gestorben.

Die Welt lügt Ihnen etwas vor. Werfen Sie dieses Buch schnell weg, wenn Sie die Lügen glauben möchten, denn auf den folgenden Seiten wird das, was Sie zu wissen glauben, aufgedeckt. In Wahrheit gibt es nichts, woran festzuhalten sich lohnen würde. Lassen Sie los. Oder bleiben Sie im Gefängnis, und versuchen Sie, ein »Auserwählter« zu werden. Damit verurteilen Sie Ihre Seele dazu, immer niedriger und niedriger zu schwingen, und allmählich fallen Sie so tief, daß Sie nie mehr entkommen können.

Fünfundneunzig Prozent der Menschen auf diesem Planeten sind bereits endgültig in dieser eiskalten Welt des Ego, der Illusion, der Arroganz, der Macht und des Materialismus gefangen. Die übrigen fünf Prozent werden nach und nach demselben Schicksal zugeführt. Der dafür genutzte Trick ist so unglaublich raffiniert. Er ist so gründlich, so vollständig. Er umgibt uns auf der ätherischen Ebene wie ein rautenförmiges Netz.

Auf der Erde findet ein massives, allumfassendes Machtspiel statt, ausgeführt von politischen, sozialen und finanziellen Machthabern. Alle Informationsquellen, die uns zur Verfügung stehen, kommen aus dem Inneren der Sphäre; es handelt sich dabei um die akzeptierte Propaganda. Sie führt uns an einen von ihr bestimmten Ort, in das spirituelle Verlies ihrer Realität, eine heimtückische Welt. Sie ernähren sich von uns. Auf der irdischen Ebene wird uns unser Geld gestohlen und unser Handeln eingeschränkt. Wir sind Sklaven, unterworfen durch Kontrolle und Gier. Auch die Transdimensionalen, die Bewohner der nahe gelegenen ätherischen Dimensionen, locken uns in eine Falle und ernähren sich von uns. Es ist ein wenig so, wie es im Film *Matrix* dargestellt wurde; ja, es ist ganz ähnlich, aber doch nicht genau so. Man zehrt von unserer ätherischen Energie und fängt die Essenz unseres Wesens ein, während uns die Lebenskraft ausgesaugt wird.

Wenn wir mehr als drei bis vier Stunden pro Nacht schlafen, können wir sicher sein, daß wir unserer Energie beraubt werden. Das ist unheimlich, und wir können kaum etwas tun, um dem Einhalt zu gebieten; zum einen, weil wir nicht wissen, wie, und zum anderen, weil wir unsere Angst nicht überwinden können. Die Transdimensionalen können durch Wände gehen und Sie abholen oder in Stücke reißen, und keinerlei naive Fürbitten an das Licht oder an Gott oder sonstige Fehlinformationen werden Sie retten. Das Blendwerk dieser Macht ist so allumfassend, daß nur wenige mutig genug sind zu widerstehen.

Aber es ist noch nicht alles verloren. In diesem Buch werde ich Ihnen zeigen, warum noch nicht alles verloren ist. Ich werde Ihnen von unseren Beschützern – den Gotteskriegern, wie ich sie nenne – erzählen. Sie sind real. Sie sind menschlich. Sie sind gleichermaßen unter Männern wie unter Frauen zu finden. Sie sind ausgesprochen mutig und ausnehmend schön. Sie handeln im geheimen. Sie arbeiten ohne Bezahlung oder sonstige Anerkennung. Sie sorgen dafür, daß Menschen entkommen können, wenn sie es wollen.

Diese Gotteskrieger erhalten Hilfe aus dem Jenseits von Inneren Gotteskriegern, wie ich sie nenne, aber diese Hilfe sieht nicht so aus, wie Sie sich das vorstellen. Vergessen Sie alles, was Sie wissen. Das, was Sie wissen, ist heimlich gefiltert worden, um Sie zu verwirren und zu ängstigen; um dafür zu sorgen, daß Ihnen niemals die Mittel zur Verfügung stehen, mit denen Sie den Ziellauf in die Freiheit schaffen. Vergessen Sie nicht: Beinahe alles, was man Ihnen beigebracht hat, ist eine Lüge. Der Himmel ist warm und die Hölle ist kalt – glauben Sie mir, ich habe beide gesehen. Das können Sie auch selbst herausfinden: Liebe ist warm, Haß ist kalt – so einfach ist das, und man fragt sich, warum es noch keinem aufgefallen ist.

Die Menschen glauben, wir befänden uns in einer Endzeit und daß das Ende dieser Welt, wie wir sie kennen, nahe wäre. Viele New-Age-Jünger rüsten sich für den Dezember 2012, denn mit diesem Datum endet der Maya-Kalender. Wo sind die Maya? Ausgestorben – na, so was; ihre Welt ist wohl früher untergegangen als erwartet. Warum? Wofür waren die Maya berüchtigt? Das steht nicht in den Reiseführern. Sie waren berüchtigt dafür, unschuldige Opfer von hohen Mauern zu werfen – viele, Tausende. Was passierte mit den Maya? Klingeling! Die Mächte der Vergeltung machen kurzen Prozeß. Kaufen Sie ihnen den Dezember 2012 nicht ab, auch das ist wieder nur ein Trick.

Machen wir uns auf den Weg, wenn Sie sich dem gewachsen fühlen. Es erfordert ungeheuren Mut, den Sprung in die Freiheit zu wagen. Und jetzt kommt der erschreckende Teil. Niemand kann Sie retten – weder ich noch irgendein anderer, keine Philosophie und keine Methode. Sie müssen sich selbst retten. Jeder, der behauptet, er könne Sie retten, ist ein Agent der Sphäre. Sobald Sie versuchen, sich deren Einfluß zu entziehen, wenden sie jeden Trick an, den sie kennen, um Sie von Ihrem Entschluß abzubringen. Sie kontrollieren alles, und genau jetzt kontrollieren sie Sie, durch und durch. Sie kontrollieren Sie, ohne daß Sie es überhaupt bemerken. Das, was Sie für persönliche Freiheit halten, ist nur ein Gedankenspiel, geschaffen, um Sie in Ihren Schranken zu halten – um Sie weiter zu versklaven.

Kapitel 2
Matrix – Film und Wirklichkeit

Sind Sie jetzt verwirrt? Dann schauen Sie sich den Film *Matrix* an – immer und immer wieder. Ich habe ihn bis jetzt 56mal gesehen. In diesem Film tauchen Hunderte von Symbolen auf. Wie sie dorthin gelangt sind, das weiß ich nicht; es ist nicht von Bedeutung. Doch es ist alles da, wenn auch nur allegorisch.

Der Held, Neo, stirbt in Zimmer 303. Dreiunddreißig ist die Zahl des Eingeweihten; Null ist das weibliche Prinzip – die Ewigkeit. 303 ist also der Eingeweihte, der die Ewigkeit umschließt. Neos Schlafzimmer, in dem er als Computerhacker tätig ist, hat die Nummer 101. Elf ist die Zahl des Meisters. Zu Beginn des Films ist Neo also der Meister, bei dessen Arbeit es um die Ewigkeit geht. Achten Sie auf den silbernen, kelchartigen Becher auf Rhinehearts Schreibtisch. Beachten Sie das goldene Futter von Neos und Mr. Smiths Jacken – El Dorado, der Goldene, der Eingeweihte, der nicht weiß, daß er ein Eingeweihter ist. Als Neo repliziert wird, wird er in Quecksilber gehüllt; die gleiche Flüssigkeit injizieren sie in Morpheus' Hals. Quecksilber ist das alchemistische Feuer.

Neo trägt eine pflaumenrote Decke, als er in die Nebuchadnezzar steigt, um die Mannschaft kennenzulernen. Warum pflaumenrot? Achten Sie auf die großen Kaninchen hinter den Indigo-Kindern im Fernsehen – was haben sie zu bedeuten? Hören Sie, was das Orakel sagt; es spricht von der wahren

Natur des Schicksals, von freiem Willen und von Zeit. Halten Sie nach einem Gotteskrieger Ausschau. Er gibt vor, blind zu sein. Er nickt, als Morpheus und Neo aus dem Lift steigen.

Haben Sie die Ziffer Drei gesehen? Sie taucht viele Male auf, vor allem im Bahnhof, in dem die letzten Kämpfe stattfinden. Beachten Sie den Graffito rechts von Neo, wenn Mr. Smith ihn an die Wand schleudert. Was steht dort? Schatten. Wessen Schatten? Sind Neo und Mr. Smith ein und derselbe?

Matrix ist die Geschichte der Heiligen Dreifaltigkeit. Morpheus ist Gott Vater. Neo ist der Sohn. Mehrmals im Film wird er als Jesus bezeichnet, wenn auch nicht direkt. Die weibliche Figur, Trinity (dt.: Dreifaltigkeit), ist die himmlische Göttin, Maria Magdalena, das weibliche Prinzip, das von den männlichen Verfassern der christlichen Lehre aus unserer Heiligen Dreifaltigkeit ausgeschlossen wurde. Das christliche Konzept des Heiligen Geistes ist eine Erfindung – eine Fehlinformation, die man dazu verwendet, das Weibliche von seinem rechtmäßigen Platz an der Spitze der Dreiheit zu verdrängen. Es gibt keinen Heiligen Geist. Geister sind die Astralprojektionen toter Menschen. Diese Vorstellung ist kompletter Unsinn. *Matrix* erzählt die uralte Geschichte vom Tod und von der Auferstehung des Eingeweihten.

Die filmische Darstellung der Matrix als grüne Symbole, die auf dem Computerbildschirm von oben nach unten fallen, ist recht gelungen. In Wirklichkeit sind es keine Zahlen, die in geraden Linien auf einem Bildschirm nach unten fallen, sondern es fließt sowohl horizontal wie auch vertikal. Obwohl es von oben nach unten rieselt, strömt es auch nach oben – aber nur in seltenen Fällen. Das meiste strömt diagonal in Linien oder Liniengruppen, die mehrere Zentimeter breite Streifen bilden, durch Ihr Blickfeld. Teilweise bewegt sich das, was sich in Wirklichkeit tut, viel schneller als im Film, aber teilweise bewegt es sich auch viel langsamer. Es gibt keine einheitliche, gleichmäßige Geschwindigkeit. Wenn sich die Materie auflöst, jenseits der Matrix, gibt es Energiewirbel, die in andere Dimensionen führen. Die sich krümmenden Wände am Ende des Films, als Neo die ankommenden Kugeln stoppt, sind sehr genau getroffen.

Was bedeutet das alles? Es bedeutet, daß irgend etwas da oben uns liebt und uns dazu bringen möchte, unsere Augen zu öffnen und zum erstenmal wirklich zu sehen. Als Neo erfährt, was es mit der Matrix auf sich hat und wie die Menschheit auf unsichtbare Weise kontrolliert wird, übergibt er sich. Die Wächter gibt es in unserer Welt auch, und sie sind auf der Seite der Kontrolleure, aber mir sind noch keine begegnet, die wie jene im Film aussehen. Die endlosen Felder mit den Behältern, in denen die Menschen gezüchtet werden, sind nicht ganz zutreffend. Aber die Behauptung, daß wir Energie sind und diese Evolution sowie auch andere Evolutionen ernähren, ist sehr treffend.

In diesem Film ist alles drin. Weiß der Himmel, wie es hineingelangt ist. Ich nehme an, es kommt aus den tiefsten Tiefen der Seelen der Filmemacher, von dort, wo alle Dinge eins sind. Irgendwo spricht irgendwer vom Ende der Matrix und unserem Entkommen. Die Lösung finden wir am Ende des Films, nachdem Neo erschossen wurde. Trinity beugt sich über ihn und sagt: »Ich habe jetzt keine Angst mehr ... Du siehst also, du kannst unmöglich tot sein. Es ist nicht möglich, weil ich dich liebe. Hörst du? Ich liebe dich.« Dann küßt sie ihn und sagt: »Und jetzt steh auf.« Das ist die schönste Szene im Film. Durch die Liebe der Göttin wird der im Koma liegende Gott wiederbelebt. Sie erweckt den verwundeten Mann (das Ego) wieder zum Leben und küßt ihn, bringt ihn zurück ins Leben. Ihre Selbstlosigkeit verleiht ihr diese Fähigkeit. Sie ist Teil ihres Mitgefühls, ihrer ewig währenden Güte. Männer können das auch, wenn sie sich dem weiblichen Geist in ihrem Inneren zuwenden.

Sie müssen dieselbe Wiederauferstehung durchmachen wie Neo im Film. Sobald Sie keine Angst mehr haben, können die kontrollierenden Kräfte nicht mehr von Ihnen zehren. Die Macht, die sie über Sie und Ihr Leben haben, löst sich auf. Schauen Sie sich den Film *Matrix* an, auch wenn Sie ihn schon gesehen haben. Da ist wirklich alles drin, zumindest in rudimentärer Form.

Kapitel 3

Der freie Wille ist etwas für Amateure

Ich möchte Ihnen von ein paar Dingen erzählen, die ich gelernt habe. Einige davon sind schrecklich, andere sind wunderschön. Viele sind anfangs schwer zu glauben. Ich versuche nicht, Sie zu überzeugen oder zu bekehren. Ich erzähle Ihnen nur, was ich weiß. Ich werde Ihnen zuerst von den einfachen Dingen berichten.

Wir kommen von einem unglaublichen Ort; traurigerweise gibt es keine Garantie dafür, daß wir dorthin zurückkehren. Sie wissen doch: Es ist ein Krieg im Gange. Viele bestreiten das; das paßt ihnen besser ins Konzept.

Im Film *Stigmata* wird eine alte Nag-Hammadi-Schriftrolle, bekannt als das Thomas-Evangelium, zitiert: »Das Reich Gottes ist in dir und um dich herum, nicht in Gebäuden aus Holz und Stein. Spalte ein Stück Holz, und ich bin da. Hebe einen Stein auf, und du wirst mich finden. Das sind die geheimgehaltenen Worte, die Jesus zu Lebzeiten sprach. Wem sich die Bedeutung dieser Worte entschlüsselt, der wird nicht des Todes sein.«

MIT IHREM VERSTAND KOMMEN SIE NICHT DORTHIN.
(TUT MIR LEID, TUT MIR LEID, LIEBE MICH, LIEBE MICH.)

SO LAUTET DAS RÄTSEL.
DIE LÖSUNG FINDEN SIE IN IHREM HERZEN
UND JENSEITS DAVON.
SIE FINDEN SIE JENSEITS IHRES TODES.
ABER ES GIBT KEIN LEBEN,
ALSO GIBT ES AUCH KEINEN TOD.
DIES IST EIN TRAUM.
WIR SIND NICHT WIRKLICH HIER.

Für jene, die sich danach sehnen, in ihre wahre spirituelle Heimat zurückzukehren, habe ich wunderbare Neuigkeiten. Sie sind daheim. Sie befinden sich im Zentrum aller Dinge. Es ist alles direkt vor Ihnen. Alles, was zwischen Ihnen und der grenzenlosen Herrlichkeit steht, ist Ihr Verstand. Sie können über den physischen oder über einen geistigen Tod in dieses Reich eintreten. Ein geistiger Tod fühlt sich für mich so an, wie ich mir einen physischen Tod vorstelle; man muß dafür freiwillig loslassen. Der physische Tod hingegen ist oft nicht freiwillig. Sobald Ihr Körper aufgibt, sitzen Sie fest und können nichts mehr ändern. Es ist also besser, diesen Übergang schon vor dem Tod hinter sich zu bringen.

She-She-La-La

She-She-La-La ist eine Göttin. Sie ist extrem furchteinflößend, und ich habe mich in sie verliebt. Sie zeigte mir, wie man stirbt. Ich hatte Angst. Sie bat mich, mich zu ergeben, und flüsterte mir zu: »Es gibt kein Leben und keinen Tod.« Es dauerte etwas, aber schließlich stimmte ich ihr zu. Sie hielt meine Hand. Ich bin ihrer nicht würdig. Sie zeigte mir, wie ein Krieger stirbt – und dann war da nur noch Wonne, die Wonne der Auferstehung. Ich hätte viel früher gehen können, doch sie ist geduldig. She-She-La-La ist meine Ewigkeit. Ich bin sie.

Wir sind nicht hier. Es ist alles nur eine Farce, eine Illusion. Solange wir uns mit der falschen Vorstellung von unserem körperlichen Dasein abmühen, sind wir gefangen. Sobald Sie erkennen, daß Sie unsterblich sind, sind Sie frei. Sie müssen dafür Ihren Verstand umstülpen, ein wenig so, wie Sie einen Polsterbezug wenden. Erinnern Sie sich an den Necker-Würfel aus einem meiner früheren Bücher? Er ist hier abgebildet.

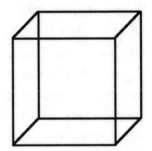

Abbildung: Necker-Würfel

Stellen Sie sich vor, Sie seien ein Punkt in der hinteren Ecke. Wenn Sie diese Ecke zu sich herziehen, dann wird der Würfel gewendet – und plötzlich liegt der Punkt außerhalb des Würfels. Ich habe auf meinen Reisen entdeckt, daß uns unser Körper und die uns umgebende Welt als fest erscheinen, weil der Verstand von einem Gedanken zum nächsten in der Zeit vorwärts drängt. Sobald Sie Ihren Verstand anhalten, wird der Würfel gewendet, und die feste Welt beginnt, zu morphen und sich zu verflüssigen. In dieser Realität gibt es mindestens zwei Zustände: innerhalb des Würfels (fest, im Gefängnis) und im Spiegelbild dessen, also außerhalb des Würfels (nicht fest, ewig).

Der freie Wille ist etwas für Amateure

Wenn ich Ihnen sagte, das Geheimnis der menschlichen Evolution sei ganz einfach zu entschlüsseln, dann würden Sie mir wahrscheinlich nicht glauben. Der Verstand liebt es kompliziert, auf diese Weise kontrolliert er Sie. Der schlimmste Faschist auf dieser Welt ist Ihr Verstand. Die Faschisten im Zweiten Weltkrieg waren unser nach außen verlagerter und auf schreckliche Weise Realität gewordener Schatten. Jedes Opfer des Faschismus wurde zum Teil von seinem eigenen Schatten getötet. Das ist schwer zu begreifen, weil wir von der Vorstellung von richtig und falsch, gut und böse durchdrungen sind. Wir brauchen die Begriffe richtig und falsch, damit wir uns als etwas Besonderes fühlen können. Als Opfer gehen Sie davon aus, daß Sie Rechte haben; Sie haben Anspruch auf Wiedergutmachung. Sie erwarten, in den Augen der anderen, die Sie hoffentlich bedauern und Ihnen über Ihren Schmerz hinweghelfen, als erhaben und besonders dazustehen. Der Opferkult hat sich zu einem Geschäft entwickelt. Das sind die Auswüchse unseres Bedürfnisses nach schnellem Geld, Aufmerksamkeit und Glamour.

Mit dem Verstand – und der darin verwurzelten Identität, dem Ego – verhält es sich nicht anders: Er will ebenfalls Kontrolle und Aufmerksamkeit. Er wird Sie nie aus seinem Gefängnis entlassen. Er bringt Sie dazu, zu glauben, daß er es besser weiß. Üblicherweise besteht das, was er zu wissen glaubt, nur aus Fehlinformationen; diese bietet er Ihnen in Form absurder Gedanken an – das ist das Ratespiel des Verstandes. Wenn der Verstand vom Raten zum Handeln übergeht, dann nennen wir das freien Willen. Der freie Wille wurde eingeführt, um

Verwirrung zu stiften. Auf diese Weise sorgt die Sphäre dafür, daß die Gefangenen auf der Flucht nur geringe oder gar keine Fortschritte machen.

Der freie Wille wird uns als etwas Unerläßliches, Besonderes und äußerst Wichtiges verkauft. Dicke Wälzer sind diesem Thema gewidmet. Man trichtert Ihnen ein, daß Sie ohne ihn nicht leben können. Die Vorstellung vom freien Willen wird geschickt verschleiert, um ihre tödliche Wirkung zu verbergen, weil man weiß, daß sie das Bedürfnis Ihres Ego, etwas Besonderes zu sein, anspricht; sie unterstützt Ihr Bedürfnis, anders und individuell zu sein. Die Vorstellung wird nach und nach in Ihren Verstand gemeißelt, so wie ein Specht ein Loch in einen Baum hämmert. Der freie Wille wird Ihnen als tragende Säule im Gebäude der Menschenrechte dargestellt; etwas, wofür es sich zu kämpfen und zu sterben lohnt. Heimlich wird er in die amerikanische Identität eingeschmuggelt: »… land of the free [will]«.* Willkommen im unsichtbaren Gefängnis der Sphäre; es ist das Gefängnis, von dem Sie wahrscheinlich behaupten, es existiere nicht.

Der freie Wille ist etwas für Amateure. Er hat Ihnen den Job verschafft, den Sie hassen, die lausige Beziehung, die Sie ertragen (haben); er hat Sie gerade so rechtzeitig zur roten Ampel geführt, daß Sie in den Schulbus gekracht sind, wobei Sie dachten, es handle sich um einen Unfall – doch es war Ihr Verstand, der Sie ins Verderben geführt hat. Er hat Sie von einer miesen Entscheidung zur nächsten getrieben. Manchmal, aber nur selten, hatte er recht, oder zumindest beinahe, aber meistens hat er Ihnen auf schmerzliche Weise Einschrän-

---

* Auszug aus der amerikanischen Nationalhymne; dt.: »… Land des Freien [Willens]« – Anm. d. Übers.

kung und Unterdrückung, Verwirrung und Langeweile beschert. Sie haben unter der Sklaverei gelitten, die er Ihnen aufgezwungen hat, und Sie wurden wütend, haben protestiert, also sagte er Ihnen: »Na gut, dann ziehst du eben nach Kalifornien, probier es aus.« Vielleicht sind Sie umgezogen. Aber nach wenigen Monaten, nachdem der Reiz des Neuen verflogen war, kamen die Asbestlöschdecke Ihres Verstandes und sein freier Wille wieder über Sie. Wieder einmal befanden Sie sich in einem Gefängnis, wenn auch einem sonnigen, mit anderen Gefangenen, die sich in der Spur neben Ihnen durch das Verkehrschaos quälten.

Lassen Sie den freien Willen los. Er spielt ein betrügerisches Spiel und ein ziemlich ausgefuchstes noch dazu. Er ist ein ausgezeichnetes Beispiel für umgekehrte Psychologie. Sagen Sie den Menschen, sie sollen um den freien Willen kämpfen; sagen Sie ihnen, wie wichtig er ist. Auf diese Weise sorgen Sie dafür, daß diese Idee ihre Arroganz und ihr Bedürfnis nach einer eigenen Identität anspricht. Dann, wenn sie sich einmal festgesetzt hat und akzeptiert wurde, lehnen Sie sich zurück und beobachten, wie die Menschen ihr verfallen. Beobachten Sie diesen beschämenden Anblick: Gefangene, die ihre Aufseher bis in den Tod verteidigen, während diese ihnen vom Wachturm aus auf die Finger schauen. Die Manipulation erfolgt unglaublich subtil; es gibt kaum einen, dem sie auffällt. Manche spüren sie intuitiv, aber sie werden mit Spott zum Schweigen gebracht. Und nur wenige wissen, wie sie sich aus den Fallen befreien können, mit denen ihr Verstand eingefangen wird, weil weder wahre Information noch persönliche Wahrheit zugelassen ist. Diese Realität ist ein Zoo.

Gefühle, Emotionen und Sinneswahrnehmungen

Ich habe schon früher über Gefühle, Emotionen und Sinneswahrnehmungen geschrieben, also werde ich mich jetzt kurz fassen. Sinneswahrnehmungen sind binäre, elektrische Signale, die in Ihr Gehirn strömen, um anzuzeigen, was um Sie herum vorgeht, wie es zum Beispiel über den Tastsinn geschieht. Emotionen sind Reaktionen Ihres ätherischen Körpers auf die Entscheidungen und Ideen Ihres Verstandes. Alle Emotionen sitzen im ätherischen Körper. Wir sagen: »Mir ist heute so schwer ums Herz ... mein Hund ist gestorben.« Ihr Herz hat natürlich dasselbe Gewicht wie gestern. Es kann sich nicht traurig fühlen; es ist ein Muskel. Es ist die emotionale Reaktion Ihres ätherischen Körpers, die diese Traurigkeit hervorgerufen hat, und in diesem Fall ist es der ätherische Bereich über Ihrem Brustkorb, der reagiert hat.

Es ist also selbstverständlich, daß die Menschen Emotionen mit dem Herzen in Verbindung bringen. Doch bei Emotionen handelt es sich nicht um wahre Informationen; sie sind nur die Auswirkungen einer bestimmten Meinung, die Sie vertreten. Nur Gefühle sind real; Gefühle gehen auf inneres Wissen zurück. Bei ihnen handelt es sich um außersinnliche Wahrnehmungen.

Der Verstand ist der Lagerkommandant, Ihr persönlicher feister Aufseher. Sinneswahrnehmungen sind das Telefonsystem des Lagers. Emotionen sind die Theateraufführung, die der Gefangene Tag für Tag besuchen muß, ob es ihm gefällt oder nicht. Gefühle sind Gotteskrieger, die Ihnen leise aus der Ferne zurufen, Ihnen immer wieder versichern, daß die Aufseher keine echten Patronen haben und daß das Tor weit offensteht. Natürlich sind die Gotteskrieger nur schwer zu hören, weil der Theaterlärm ohrenbetäubend ist, und wenn er nicht in vollem Gange ist, dann brüllt Ihnen der Lagerkommandant neue Befehle zu.

Das Lautsprechersystem des Lagers, die Medien, überflutet Sie mit Fehlinformationen, aus denen hervorgeht, wie gefährlich es ist, den Lauf in die Freiheit zu wagen. Es schwatzt Ihnen Ideen auf, die das Ego stärken, um Sie in die Falle zu locken. Es verkauft Ihnen ständig Angst. Es bringt Sie dazu, zu glauben, daß das, was anderen auf der Welt passiert, auch Ihnen unmittelbar bevorsteht. Es schwatzt Ihnen das Bedürfnis auf, nach Sicherheit zu streben, und sagt Ihnen, daß das Lager und die allgegenwärtigen feisten Aufseher für Ihre Sicherheit sorgen – das macht Sie zum Sozialhilfeempfänger. Außerdem wiederholt es immer wieder, wie wichtig die feisten Aufseher sind.

Die Meldung des Tages lautet: »Der Sprecher des Repräsentantenhauses erklärte heute …« Wen kümmert es auch nur im geringsten, was er zu sagen hat? Das hilft Ihnen ohnehin nicht weiter. »Israelische Soldaten haben heute drei Palästinenser erschossen.« Und, was gibt es Neues? Israelis töten jeden Tag Palästinenser, und die Palästinenser versuchen, sie zu töten, wenn sie können. Wenn Sie nicht Israeli oder Palästinenser sind oder in irgendeiner Beziehung zu den Erschossenen stehen, was hat das dann mit Ihnen zu tun? Sie bedauern sie vielleicht aus menschlichem Mitgefühl heraus, aber Sie sind nicht dafür verantwortlich. Sie können es ohnehin nicht ändern. Sie können nicht schnell einmal nach Jerusalem flitzen, und ein paar Araber und Israelis kräftig durchschütteln und sagen: »Hört endlich mit dieser Scheiße auf, sonst passiert was!«

Nachrichten sind dazu da, Ihnen Angst einzuflößen und Ihnen endlos Probleme zu präsentieren, die Sie nicht lösen können. Zweck der Sache ist, einen ständigen Strom der Hilflosigkeit zu erzeugen und dafür zu sorgen, daß Sie die Vorstellung akzeptieren, daß Sie machtlos sind – daß die feisten Aufseher es am besten wissen. Sie sorgen dafür, daß Sie ihnen abkaufen, daß jemand Wichtiges das Sagen hat, jemand, dem Sie sich fügen und den Sie respektieren müssen. Politik ist natürlich nichts anderes als der nach außen verlagerte Verstand und sein Wunsch, Sie und jene um Sie herum zu kontrollieren, damit er sich sicherer fühlt. Werfen Sie Ihr Fernsehgerät weg, ignorieren Sie die Zeitungen, und schon sind Sie auf dem Weg zum Tor aus dem Lager.

Es gibt einen Plan, einen göttlichen Plan. Er sieht ein anderes Dasein für Sie vor, nachdem Sie genug vom freien Willen, dem Verstand und dem Zoo, in dem wir leben, haben. Der Plan ruht in Ihren subtilen Gefühlen, nicht in Ihren Emotionen, und tritt Stück für Stück, ganz nach Bedarf, zutage. Er ist großartig. Er ist umfassender, als Sie sich das vorstellen können.

Hängen Sie das an Ihren Kühlschrank, wenn Sie das Gefühl haben, es stimmt:

>ICH HABE KEINEN PLAN.
ICH ERSCHAFFE MEINEN GÖTTLICHEN PLAN
VON AUGENBLICK ZU AUGENBLICK.«

Verwechseln Sie den göttlichen Plan nicht mit den religiösen Wunschvorstellungen, die Erde für Jesus oder den Islam zu erobern – oder wer auch immer der nächste feiste Aufseher sein möchte. Lassen Sie sich von der Herrschaft Ihres Ego und dessen, was es sich für Ihr Leben wünscht, nicht durcheinanderbringen. Der göttliche Plan bringt Ihrem Ego nicht unbedingt die Dinge, nach denen es sich sehnt: Aufmerksamkeit, Geld, Glamour und Anerkennung. Er wird Sie vielmehr darum bitten, zu dienen und selbstlos zu sein, und er wird von Ihnen verlangen, daß Sie ihm blind vertrauen, ihn akzeptieren und befolgen. Er wird Sie oft auf die Probe stellen, um zu prüfen, ob Sie es ehrlich meinen. Er wird sofortiges Handeln verlangen. Gerade nachdem Sie sich nach zwanzig anstrengenden Stunden endlich ins Bett gelegt haben, wird er sagen: »Steh auf, ruf Bruder George in Denver an, und erkundige dich, ob es ihm gutgeht und er den Plan befolgt.«

Sie werden sich zunächst vermutlich sträuben und statt dessen lieber schlafen wollen, und der Plan wird sagen: »Was für ein Jammerlappen. Das ist hoffnungslos mit ihr/ihm. Es ist reine Zeitverschwendung, sich mit ihr/ihm herumzuschlagen.« Dann wird er sich aus Ihren subtilen Gefühlen zurückziehen, weil er sich nicht mit Ihnen abmühen will, und Sie fühlen sich eine Zeitlang verloren. Daraufhin wird der freie Wille die Gelegenheit ergreifen, sich wieder in Ihr Leben einzumischen, und Sie sitzen 17 Stunden ohne Unterbrechung im Auto auf dem Weg nach Steamboat Springs, einzig und allein aus dem Grund, weil Sie davonlaufen.

Der göttliche Plan offenbart sich nicht wie ein faschistischer Kontrolltrip, weil Gott von Natur aus nicht so kontrollierend sein kann wie Ihr Verstand; Gott muß den Dingen freien Lauf lassen. Kontrolle ist dämonisch. Das Gesetz des Zulassens, wie es manche nennen, verlangt, daß wir Gut und Böse, richtige und falsche Entscheidungen akzeptieren. Deshalb gibt es Schmerz in unserer Welt und das, was wir fälschlich als ›böse‹ bezeichnen. Wenn Gott gut ist, wie kann er dann Böses zulassen, fragen wir uns. Er muß. Er ist durch und durch befreiend. Er kann nicht kontrollieren.

Wenn die Menschen vom Willen Gottes sprechen, dann schwatzen sie Ihnen nur das Gefasel der Sphäre auf. Es gibt keinen Willen Gottes – nur die Projektion dessen, was Gott ist, nämlich Liebe. Bedingungslose Liebe befreit und läßt los. Sie läßt zu, ohne zu kritisieren oder zu verurteilen; sie läßt zu, auch wenn das, was geschieht, nicht die persönliche Entscheidung des Verstandes ist.

Kontrolle und Verwaltung

Verwaltung heißt, daß genügend kompetente Zugführer eingestellt werden, die dafür sorgen, daß der Fahrplan eingehalten wird. Die Zugführer können entscheiden, ob die zu deren Bedingungen arbeiten oder nicht. Kontrolle ist etwas anderes als Verwaltung. Kontrolle bedeutet, daß Sie anderen Ihren Willen aufzwingen. Sie ist dämonisch. Der feiste Aufseher Ihres Verstandes beschließt, sich bemerkbar zu machen, indem er manche einschüchtert, anderen schmeichelt und versucht, alles zu kontrollieren: wie die Menschen aussehen, was sie essen, wohin sie gehen, wie sie beten, mit wem sie Sex haben und was sie tun. Unterdessen stiehlt er Ihr Geld (Ihre Energie) unter dem Vorwand, daß jeder seinen Beitrag zum Wohle des Ganzen leisten soll. Dabei ernährt er sich auch von der Energie der anderen, macht sie mit Hilfe von Schuld, Vorschriften, Manipulation und/oder Drohungen zu Sklaven seiner Forderungen.

Das Bedürfnis danach, die Kontrolle aufzugeben, ist der erste Schritt im göttlichen Plan. Als erstes hören Sie auf, Ihr eigenes Leben zu steuern und zu kontrollieren, dann bieten Sie jenen, die Ihnen nahestehen, denselben Ausweg aus der Tretmühle an. Wenn Sie Kinder haben, können Sie lernen, deren Leben zu verwalten, statt sie zu tyrannisieren und zu dominieren. Der göttliche Plan besagt, daß es keinen Plan gibt. Wir versuchen, loszulassen und an einen Ort zu gelangen, an dem die Dinge spontan, aus unserer kollektiven Freude an der Anwesenheit Gottes heraus entstehen.

Die Energie der Göttin ist im Begriff, unsere Welt zu erreichen – falls das nicht schon passiert ist, wenn Sie dieses Buch lesen. Sie wird die von Männern dominierte Welt ankratzen und die feisten Aufseher in Schrecken versetzen. Sie ist sowohl die Zerstörung als auch die spätere Auferstehung. Die schrecklichen Lügen der Welt werden aufgedeckt werden.

Wir tun alle nur so als ob. Wir tun so, als läge uns das Wohle der anderen am Herzen. Wir tun so, als wären wir großzügig. Wir tun so, als würden wir lieben, und gebrauchen dafür unseren Verstand, nicht unser Herz. Wir tun so, als würde uns an anderen etwas liegen, doch es gibt uns nur das Gefühl, selbst wichtig zu sein. Wir tun so, als würden wir die Wahrheit sagen, dabei hören wir nie auf unsere innere Wahrheit, sondern lügen die ganze Zeit wie verrückt. Wir spielen den Netten, und dabei sind wir oft niederträchtig und gemein zu anderen. Alle, die eine sehr dunkle Seite an sich haben, spielen den Netten. Das ist Teil ihrer Propaganda. Wenn Sie jemandem begegnen, der auf nett macht, passen Sie sehr, sehr gut auf. Hinter einem ›netten Menschen‹ verbirgt sich häufig ein feister Aufseher, ein Manipulant der schlimmsten Sorte. Ich habe im Laufe der Zeit ein paar Schwarzmagier verfolgt – nur wenn sie mir in die Quere kamen –, und mir ist nie einer begegnet, der sich nicht hinter der Fassade des ›netten Menschen‹ versteckt hätte. Nur wenige Menschen sind offen gemein.

Die Welt wird sich ändern. Der tyrannische Kontrolleur wird tödlich verletzt werden. Das Kartenhaus wird einstürzen. Die Zeit ist da. Das Spiel ist vorbei. Die Mächte der Vergeltung sind kurz davor, in Babylon einzumarschieren ... Das dürfte interessant werden.

Kapitel 4
Die Vision der ›Dawn Trader‹

Ich hatte eine Vision; sie spielte vor mehreren hundert Jahren. Ein seetüchtiger Klipper war auf dem wogenden Meer unterwegs. Ein Teil der Besatzung war an Deck und kam seinen Pflichten nach. Der Kapitän war unter Deck; er war ziemlich übergewichtig. Er lag auf seinem Bett und onanierte, neben ihm eine leere Flasche Portwein. Auf dem Deck darunter waren Hunderte von Afrikanern: Männer, Frauen und kleine Kinder in Ketten. Bei dem Klipper handelte es sich um ein Sklavenschiff. Das Leid der Gefangenen trieb in Form einer widerlichen schwarzen Wolke durch die Vision und war von Stöhnen, Gestank, Fäkalien und Dreck durchsetzt. Die Besatzung holte sich täglich die Frauen und ein paar der Männer, um ihre sexuellen Bedürfnisse zu befriedigen. Es gab nur wenig bis gar keine Nahrung. Einige der Afrikaner lagen tot in Ketten neben anderen, die noch am Leben waren.

Ein weiteres Schiff tauchte am Horizont auf; nennen wir es die ›Dawn Trader‹*. Die Besatzung des Sklavenschiffs warnte den Kapitän. Er kümmerte sich nicht darum, sondern blieb im Bett. Als sich das andere Schiff näherte, konnte die Besatzung erkennen, daß es die portugiesische Flagge gehißt hatte. Sie machten sich zunächst keine Gedanken, doch als die ›Dawn Trader‹ näher und näher kam, wurden sie immer nervöser. Als die ›Dawn Trader‹ weniger als 100 m entfernt war, wurde dort

---

* dawn = Morgenröte; trader = Händler

die portugiesische Flagge eingeholt und die Flagge mit den zwei unter einem Totenkopf gekreuzten Knochen gehißt. (Im Mittelalter verwendeten die Tempelritter sie in Seeschlachten; von den Piraten wurde sie erst später übernommen. Die Tempelritter gehörten damals zu den Mächten der Vergeltung, bevor sie korrupt wurden und im Auftrag eines französischen Königs, dessen Name mir im Augenblick entfallen ist, verhaftet und hingerichtet wurden.)

Enterhaken trafen die Sparren des Sklavenschiffs, für das es jetzt kein Entrinnen mehr gab. Die Besatzung wurde niedergemetzelt, der Kapitän gefoltert und getötet. Die Portugiesen nahmen die afrikanischen Gefangenen und warfen sie ins Wasser, um sie zu waschen, und einige, die nicht schwimmen konnten, ertranken. Der Rest wurde an Bord des portugiesischen Bootes gehievt. Das Sklavenschiff wurde geplündert und in Brand gesteckt. Dann geschah etwas Erstaunliches. Der Kapitän des portugiesischen Schiffs gab den Befehl zu wenden. Dann brachten er und seine Besatzung die Gefangenen zurück an die afrikanische Küste. Dort ließ sie der Kapitän und warnte sie, daß sie keine zweite Chance bekommen würden. »Haltet euch vom weißen Mann fern«, sagte er. Dann fügte er hinzu, daß sie sich vor allem aber vor ihren eigenen Leuten in acht nehmen sollten.

Wissen Sie, es waren nämlich die Afrikaner selbst, die andere Afrikaner gefangen nahmen und sowohl an schwarze als auch an weiße Sklavenhändler verkauften. Die Schwarzen betrieben den Sklavenhandel in Afrika. Wußten Sie das? Das haben sie schon Tausende von Jahren getan, bevor der weiße Mann auftauchte – ein Punkt, den man in den Geschichtsbüchern geflissentlich wegläßt. All dieser *Roots*- und *Kunta-Kinte*-Stoff klingt gut für Hollywood, aber das ist nicht die ganze Geschichte. Die Sklaverei ist ein afrikanisches Geschäft; das war sie immer. Die Afrikaner waren die Großhändler; Weiße waren nur Einzelhändler unter vielen. Der Afrikaner war immer selbst sein schlimmster Peiniger – das ist er heute noch.

Die Menschen, die die Welt beherrschen, die das Geld überwachen und drucken, jene, die die Macht zu haben scheinen, glauben nur, daß sie die Welt kontrollieren. Gott kontrolliert die Welt, indem er genau das nicht tut. Unterdessen hält die heilige Mutter, die Göttin, alles in Ordnung, so wie das jede gute Mutter tun würde. Manchmal zeigt sie sich in Form eines Wunders, indem sie mit bedingungsloser Liebe heilt, einer Liebe, die als eine seltsame Stille über uns kommt und manchmal von Blumenduft begleitet wird. Wenn sie auftaucht, dann spürt man einen ungewöhnlichen Druck in den Ohren. Manchmal kommt sie auch als ein Schlag auf den Kopf. Wenn man lange genug wartet, taucht die ›Dawn Trader‹ immer auf.
Die Evolution sorgt selbst dafür, daß sie ihr Gleichgewicht bewahrt. Diese Welt ist viel zu kostbar, als daß Gott den faulen Eiern, die die Welt beherrschen, erlauben würde, die Welt wirklich zu beherrschen. Tatsächlich erfüllen sie ihren Zweck. Weil Gott alles ist, ist auch der Teufel Teil von Gott. Genaugenommen, ist der Teufel ganz praktisch, wenn man darüber nachdenkt; er arbeitet für Gott und sorgt dafür, daß ein stetiger Strom von Gläubigen auf einen rechten Weg zurückkehrt.

Kapitel 5
Stuie und die Herrin vom See

Nachdem Bruder Stuie genug davon hat, Vorträge zu halten, kurz nachdem er praktisch überall Redeverbot erhalten hat, beginnt er sich zu fragen, was er wohl als nächstes tun soll. Also zieht er los, um einfach so zum Spaß zu trinken, zu tanzen und sich in Schwierigkeiten zu bringen. Unterdessen spricht Gott zu seiner tiefen, inneren Seele:

»Stuie, du Nichtsnutz, hör auf, dich zu prügeln und zu trinken, und laß diesen ganzen Sex- und Liebesquatsch, er schadet dir nur. Geh, und such nach der Herrin vom See, und lerne etwas von ihr.«

Stuie wußte ein wenig über die inneren Welten Bescheid, weil er ein paar Jahre lang die transdimensionalen Grauen bekämpft hatte, aber er hatte überhaupt keine Ahnung von Göttinnen oder gar einer Herrin vom See. Wie auch immer, Stuie macht sich auf den Weg an einen fernen See und sucht nach Bodhisattva Kuan-Yin – er will wissen, ob sie sich wohl auf ein Schäferstündchen mit ihm einlassen würde. Das war natürlich Stuies männliches Ego, das da aus ihm sprach. Er ist nämlich ziemlich verärgert darüber, daß er sich nicht prügeln und/oder einem irischen Mädchen nachstellen darf, das gerade die Liebe seines Lebens ist.

Zu versuchen, sich Bodhisattva Kuan-Yin sexuell zu nähern, wäre über alle Maßen dumm und sehr gefährlich. Aber Stuie hält sich gern für einen Draufgänger. Er macht sich immer an die Frau heran, die am wenigsten in Frage kommt: die Frau des Mafiosos, das einen Meter neunzig große Supermodel, die Lesbe mit dem Oberlippenbart und die schüchterne Kleine in der Ecke – die jungfräulich aussehende ganz hinten in der Ecke, die gerade an ihrem Rock herumzupft. Stuie wäre so oft beinahe umgebracht worden, weil ihn seine subtile und zugleich dreiste Art sehr oft zum Ziel geführt hat. Er trieb es gerade hinter der Statue von Apollo im Garten mit der Frau des Mafiosos, als es zum Coitus interruptus kam – bellende Hunde. Stuie sprang über die Mauer und war zurück an der Vordertür, alle sündigen Spuren beseitigt, bevor Sie sagen können: »Reichen Sie mir bitte den Wein.«

»Tut mir leid, tut mir leid; liebe mich, liebe mich«, sagt Stuie dann zu jedem, der ihm zuhört. Dann gießt er sich ein Glas Rotwein oder zwei hinter die Binde und versucht sein Glück bei der Grazie aus L.A. – oder bei irgendeiner anderen.

»Es ist reine Mathematik«, erklärt Stuie dann. »Der Mittelpunkt des Universums ist ein Fraktal. Es ist weiblich und kompliziert und wunderschön und prächtig und unglaublich schrecklich. Solange du alles als ein unendliches Fraktal betrachtest, kann es dir nicht widerstehen, vor allem, wenn du nicht nur vorgibst, die Menschen zu lieben, sondern es in dem Augenblick wirklich tust.«

»Schreib dir das auf«, sagt er, und das tut er manchmal hundertmal pro Woche. »Schreib dir das auf.«

Auf dem Weg zum See legt Stuie einen kurzen Stopp ein, um etwas zu trinken. Er ist in Dublin. Es ist ein Uhr fünfundvierzig am Morgen, und Stuie betritt einen Club in einer Seitenstraße der Grafton Street. Die Managerin erkennt ihn sofort, führt ihn eilends in die VIP-Lounge und bietet ihm einen bequemen Stuhl neben Tom Jones an, der, so kommt es Stuie vor, einen ätherischen Ständer hat, der sagt:

»Möchte eine von euch Süßen Delilahs mit mir spielen?«

Stuie hat mit diesem Tom-Jones-Mist nichts am Hut, denn er versucht gerade von ganzem Herzen, seine feminine Seite zu stärken. Er will eine gute Ausstrahlung haben, wenn er am See ankommt.

Neben Stuie ist ein Sessel frei, und Stuie fragt das Universum, für wen dieser Sessel bestimmt ist. Das Universum erwidert: »Warte ein wenig, Stuie, es wird gleich jemand kommen.«

Etwa eine Stunde später tritt David R. aus dem Lift, und die Managerin der VIP-Lounge geht auf ihn zu und sagt: »Stuie Wilde wartet auf Sie, bitte kommen Sie herein, und nehmen Sie Platz.«

Das Erstaunliche daran ist, daß Stuie der Managerin nicht gesagt hat, daß er auf jemanden wartet. Und woher sie weiß, daß David R. Stuie kennt, ist ihm ein Rätsel. (Genaugenommen hat das Universum es ihr mitgeteilt, und der junge David findet es natürlich auch ein wenig unheimlich und fragt sich, wie das möglich ist und warum jeder zu wissen scheint, was er als nächstes vorhat.)

David sitzt also neben Stuie und sagt: »Stuie, seit über zehn Jahren hast du großen Einfluß auf mein Leben, und von Zeit zu Zeit schleichst du dich ein, so als würdest du mich und mein Schicksal steuern.«

Stuie lächelt und sagt: »Was willst du trinken?«

Dann sagt Stuie zu David, er sei ein Schwachkopf und ein Feigling. Er enthüllt ihm, daß sich seine Welt wahrscheinlich auflösen und aus ihm nie etwas Ernsthaftes werde, solange er nicht bereit sei, auseinanderzufallen und ganz unten zu landen

– es sei denn, er entscheide sich für Plan B, hör auf, David zu sein, und folge Stuie an den See ... wozu David leider zu diesem Zeitpunkt nicht bereit ist.

Nachdem Stuie mit David fertig ist, gehen ihm ein paar Gedanken über Raufen und Sex durch den Kopf, also meint er, er müsse in den Augen Gottes Wiedergutmachung leisten. Er geht also hinunter auf die Tanzfläche, und während er tanzt, stupst er jeden einzelnen im Club – Hunderte von Menschen – ätherisch, einen nach dem anderen. Er streicht über ihre Seelen und sagt zu jedem von ihnen: »Laß uns wachsen, hör auf, ein Nichtsnutz zu sein, wachse – komm ins Licht.«

Stuie ist jetzt völlig geschafft und geht heim, um zu schlafen, und träumt ein paar unmögliche Träume, so wie jeder andere Möchtegerndraufgänger. Zu der Zeit gibt es natürlich auf unserer Erde ein paar Leute, die ständig versuchen, Stuie zu schlagen oder zu verletzen, also waren einige von Stuies Träumen gruselige Nachtmahre.

Stuie steht gerade rechtzeitig auf, um ein herzhaftes irisches Frühstück zu sich zu nehmen. Und weil er den freien Willen hinter sich gelassen hat, hat sein Verstand nicht mehr das Bedürfnis, allen Dingen auf den Grund zu gehen, also setzt er seine Reise an den See fort.

Auf seinem Weg dorthin begegnet er einer wunderschönen walisischen Hexe. Sie hat grüne Augen und rabenschwarzes Haar.

Zärtlich hält sie Stuies Hand und sagt: »Du bist der schönste Mann, den ich je getroffen habe. Ich warte seit 37 Jahren auf dich.«

Für Stuies männliches Ego ist das natürlich die reinste Ambrosia. Sie verabreden sich, doch Stuie bekommt fürchterliche

Angst. Er denkt, sie könne Teil eines üblen Täuschungsmanövers sein – es war alles viel zu einfach.

Stuie hat Ratgeber. Frauen. Hellseherinnen. Also ruft er eine an und sagt: »Ich habe Angst. Kannst du herausfinden, was es mit dieser Hexe auf sich hat? Ich glaube, sie versucht, mich zu täuschen.«

Die Hellseherin sagt: »Sie soll dir etwas über Avalon beibringen, das du nicht verstehen wirst. Es hat mit der Herrin vom See zu tun, dem verborgenen weiblichen Geist. Vertraue und folge ihr, so weit es notwendig ist.«

Wie sich herausstellt, sind vier Tage dafür notwendig. Dann setzt Stuie seinen Weg zum See fort.

Stuie beschließt, an einem Heiltempel, der auf dem Weg liegt, Zwischenstation zu machen. Er fühlt sich schmuddelig und zu männlich. Er wäscht sich und reibt sein Haar mit Ölen und exotischen Gewürzen ein. Dann zieht er bunte Seidengewänder an, legt sich mehrere Silberarmbänder und die schönste silberne Halskette um, die man sich nur vorstellen kann. Er weiß, daß die Herrin vom See, jene, die König Arthur sein Schwert gab, Argante hieß. Er weiß, daß manche glauben, ihr Name leite sich vom französischen Wort für Silber, *argent*, ab. Dann betet und fastet er neun Tage lang, nimmt Abführmittel und trinkt grünen Schleim, der, wie man ihm sagt, gesund sein soll. Jetzt ist er bereit.

Er geht zum See und wartet. Schließlich kommen drei junge Frauen, in präraffaelitische Gewänder gehüllt, in einem Boot über den See. Es ist hellichter Tag. Die Szene erinnert Stuie an ein Gemälde in der Tate Gallery in London. Ein junger Mann rudert.

Eine der Frauen gibt Stuie eine Flasche, darin ist ein Elixier.

Stuie dankt ihr und trinkt es. Dann tritt er eine Weile in das Feenreich ein, wo er seinem Schatten begegnet: Er macht ihm angst. Unterdessen ist von der Herrin vom See nichts zu sehen. Er ist ein wenig enttäuscht. Inzwischen hat er jedoch sein Herz geöffnet, und seine Seele ist zur Ruhe gekommen. All das ist Teil seiner Reise und Suche nach ihr. Aber das wußte er damals noch nicht.

Bruder Stuie kennt Zauberer und Schamanen. Nach dem Vorfall am See besucht er einen von ihnen, um ihn zu fragen, ob er wisse, wie man die Herrin aus dem See lockt. Der Zauberer, der für jemanden seiner Art sehr jung ist, sagt etwas sehr Seltsames:

»Stuie, kannst du den Teufel lieben? Könntest du je den Teufel lieben?«

Stuie ist etwas verblüfft, denn er ist als Christ erzogen worden, und obwohl er nicht viel für religiöse Institutionen übrig hat, zieht er es vor, auf der weißen, lichten Seite zu bleiben und sich nicht um den Teufel zu kümmern.

»Nein«, sagt sein Freund, der Zauberer, »wenn du den Teufel nicht lieben kannst, wirst du Argante, die Herrin vom See, niemals finden, denn sie würde dir deine noch nicht verarbeitete dunkle Seite widerspiegeln, und du würdest furchtbar erschrecken und weglaufen.«

Stuie weiß, daß der Zauberer recht hat. Also verstaut er seine Seidengewänder, Juwelen und exotischen Gewürze unter dem Dach einer alten Scheune in Südengland und macht sich daran, den Teufel zu suchen, um ihm zu sagen, daß er ihn liebt.

Stuie hat mittlerweile herausgefunden, daß der Teufel nur Aufmerksamkeit braucht. Selbst wenn nur ein einziger Mensch den Teufel bedingungslos liebt, ohne ihn zu verurteilen oder zu kritisieren, könnte es sein, daß sich die Dinge zum Besseren wenden. Stuie weiß, daß der Teufel, so wie wir alle, Wiedergutmachung verlangt. Aber Stuie hat zu dem Zeitpunkt noch nicht herausgefunden, daß der Teufel eine Art Krieger ist, der für Gott arbeitet, indem er Feiglinge so erschreckt, daß sie rechtschaffen werden. Stuie hat die unglaubliche Wahrheit noch nicht erfaßt, daß Licht und Dunkel auf derselben Seite stehen – auf der Seite Gottes.

Halten Sie durch, denn ich glaube, Sie werden den nächsten Abschnitt interessant finden. Denn Stuie hat ernsthaft vor, die Sache mit dem Teufel auszuprobieren. Er hatte zuvor einige Zeit damit zugebracht, sich mit den Himmelsmenschen und ihren UFOs herumzuschlagen. Er weiß genau, wie das ist, wenn ein Wesen um vier Uhr morgens durch die Schlafzimmerwand kommt. Er weiß auch, wie es ist, gegen seinen Willen fortgezerrt und festgehalten zu werden, während einem ein grimmiger Transdimensionaler, der keinerlei Spaß versteht, ihm ein kleines Dings in die Nase schiebt. Sie sehen, Bruder Stuie hat bereits seinen Abschluß an der Universität des Reinen Terrors gemacht, also ist die Herausforderung, sich dem Teufel zu stellen, für ihn gar nicht so weit hergeholt, wie man zunächst meinen möchte.

Stuie wird plötzlich bewußt, daß der ganze Horror, den er mit den Himmelsmenschen, den Grauen und so weiter erlebt hat, zu seiner Ausbildung gehörte. Das alles war Teil des Vorhabens, den Teufel zu treffen und ihm zu sagen, daß er ihn liebt. Stuie macht sich also auf den Weg, den Teufel zu treffen, als etwas völlig Bizarres passiert. Er sitzt im Garten vor der alten Scheune, in der er seine Sachen verstaut hat, als sein Arm plötzlich durchsichtig wird. Er fühlt sich heiß an; es ist eine innerliche Hitze, eine Art göttlicher Sonnenbrand. Das ganze dauert ungefähr zwei Stunden, glaubt er.

Zwei Tage später wacht Bruder Stuie bei Tagesanbruch auf und stellt fest, daß sein ganzer Körper zu Licht geworden ist. Die Hitze ist schrecklich. Sie setzt ihn völlig außer Gefecht und verwandelt ihn in ein bibberndes Wrack, unfähig, seinen täglichen Aufgaben nachzukommen. Die Hitze läßt fast nie nach, und Stuie kann nicht schlafen, solange sie anhält. Er ist 23 Stunden am Tag wach. Die Hitze strömt aus seinen Händen, seinen Füßen, seinen Augen, und seine rechte Schulter ist immer glühend heiß. Er steckt eine Akupunkturnadel in seine Hand, in der Hoffnung, damit die Hitze umzuleiten, aber nichts passiert, außer daß kleine blaue Lichtstrahlen, wie Blitze, aus der Nadel herausschießen.

Ja, Stuie geht es wirklich übel. Manchmal liegt er stundenlang mit Höllenqualen auf dem Steinboden und kann sich nicht bewegen, nicht einmal auf die Toilette schafft er es; er liegt in seinem eigenen Urin. Unterhalb seines Nabels strömt etwas heraus, was er als eine Säule ätherischer Energie wahrnimmt; bei dessen Ansicht empfindet er blankes Entsetzen. Stuie sagt, es sei eine uralte Angst. Er denkt, es handle sich vielleicht um das Gefühl des Verlassenwerdens, das er in seiner Kindheit erlebt hat.

Während der Hitzeanfälle erlebt Stuie acht Stunden der Angst und dann zwei Stunden des Verlassenwerdens, dann darf er sich eine Stunde ausruhen, und Traurigkeit überkommt ihn: Kummer wegen seinem eigenen Leben, Kummer wegen dem Schmerz der Welt, Kummer wegen dem Leid der Tiere, Kummer wegen der scheinbaren Sinnlosigkeit unseres Daseins –

die Traurigkeit, die Tränen und die Wut darüber, daß er nicht imstande ist, die Probleme der Welt zu lösen. Stuie findet schließlich heraus, daß Traurigkeit und Freude ein und dasselbe sind.

Die Höllenqualen dauern mehrere Monate. Zuerst läßt Stuie sie nicht zu. Der Schmerz ist zu schrecklich. Doch nach einer Weile läßt er los und akzeptiert die Traurigkeit einfach. Je mehr er den Schmerz akzeptiert, desto kürzer und kürzer werden die Phasen der Qual. Aber die Hitze hört nie auf. Sie wird nur erträglicher. Stuie hat inzwischen seine Gedanken an die Herrin vom See aufgegeben, und von seinem Ziel, den Teufel zu treffen, ist er meilenweit entfernt. Überleben ist das einzige, was zählt.

Während dieser Zeit beginnt Stuie die morphenden Wände wahrzunehmen und erlebt noch alle möglichen anderen absonderlichen Dinge. Eines Tages erscheint beispielsweise auf mysteriöse Weise ein Videofilm an der Wand eines Zimmers. Es gab darin keinen Projektor oder sonstige Geräte. Eine verschwommene Leinwand, die ein wenig zuckte, als wäre sie etwas instabil, tauchte plötzlich auf und schwebte vor einer weißen Wand. Ein Film von einer Katze in einem Wald läuft ab. Der Film beginnt in Schwarzweiß und geht dann in helle Sepiafarben über. Es sind keine leuchtenden Farben, wie wir sie aus Kinofilmen kennen, die Bilder sind nur leicht eingefärbt. Während des Films spürt Stuie ein unangenehmes Ziehen an seinem Nabel. Er sieht sich den Film mit einer guten Freundin an. Er dauert 45 Minuten und hat keinen Ton. Noch erstaunlicher ist, daß seine Freundin, eine Engländerin Ende 30, währenddessen einen völlig anderen Film auf demselben Wandabschnitt sieht. In ihrem Film geht es um die industrielle Revolution und um die Women's Land Army, die während des Krieges in Großbritannien Teil der Dig-for-Victory*-Kampagne war.

Stuie beginnt sich jetzt zu fragen, was das soll. Ihm wird plötzlich klar, daß es sich bei dieser himmlischen Hitze vielleicht um mehr als nur ein seltsames, innerliches Phänomen handelt. Zu jener Zeit hat sich Bruder Stuie natürlich schon gefragt, ob er jetzt vielleicht völlig durchgedreht sei. Aber das Video überzeugt ihn davon, daß dies wahrscheinlich nicht der Fall ist. Später erleben sechs seiner engen Freunde ebenfalls diese Hitze. Sie tun Stuie Leid, aber irgendwie ist er auch froh darüber, daß sie diese Hitze spüren, denn jetzt ist er nicht mehr der einzige Verrückte weit und breit.

Inzwischen beginnen unheimliche Typen in grauen Autos Stuie zu verfolgen, Hubschrauber kreisen über der Scheune, und Militärangehörige schummeln sich als Teilnehmer in seine Seminare ein. Als er in jenem Jahr nach Amerika reist, wird er ständig aus der Ferne fotografiert, und er lächelt für die Kameras und liebt die Militärangehörigen bedingungslos; einer fängt an zu weinen, und Stuie liebt ihn nur noch mehr. Stuie findet nie heraus, was sie von ihm wollen, schließlich ist er doch kein Revolutionär. Er weiß nicht einmal, wer gerade an der Regierungsspitze steht. Als Jelzin damals zurücktrat, bekam er das erst drei Monate später mit. Stuie gelangt zu der Überzeugung, daß die Himmelsmenschen und einige der Leute hier auf der Erde unter einer Decke stecken. Wer sitzt eigentlich am Ruder? fragt sich Stuie.

Natürlich schert sich Stuie einen Dreck darum, wer am Ruder sitzt, denn er weiß, daß Gott das Sagen hat – er war da draußen gewesen und hat es gesehen. Außerdem ist Stuie der

---

* dig for victory = graben für den Sieg

Meinung, daß diejenigen, die glauben, sie säßen am Ruder, dies weiterhin tun sollten. Es liegt ihm nicht, in irgendeiner Weise die Führung zu übernehmen, das ist nicht seine Art. Und außerdem ist er auf dem Weg, den Teufel zu suchen.

Den Teufel zu finden ist viel schwerer, als man glauben möchte, denn er ist gerissen und versteckt sich in den Herzen der Menschen. In Südengland nach einem Kerl mit Hufen, einem spitzen Schwanz und einer Mistgabel in der Hand Ausschau zu halten ist ein ziemlich dummes Unterfangen. Also bittet Stuie seine weiblichen Visionäre um Hilfe. Stuie ist ein Schwerenöter, aber er hat tiefen Respekt vor Frauen, und alle seine Berater, außer einem, sind Frauen. Eine Zeitlang hatte er sogar weibliche Bodyguards, als es etwas gefährlich für ihn wurde. Amazonenhafte Frauen waren das, absolut tödlich – Stuie liebte sie ganz besonders.

Die Visionärinnen sagen Stuie, daß man den Teufel nur in der inneren Welt finden kann. Sie sagen, daß der Teufel nicht wirklich existiert, obwohl es viele Wesen gibt, die Charakterzüge des Teufels an sich haben. In gewisser Weise existiert er also und in gewisser Weise nicht. Stuie hat bald genug von den Anspielungen darauf, wie man den Teufel findet, also geht er in eine Gothic*-SM**-Bar, die von Schwarzmagiern besucht wird. Er hofft auf einen Hinweis. Die Besitzer der Bar werden wütend auf unseren Freund und wollen ihn hinauswerfen. Aber Stuie läßt sich nicht unterkriegen und erschreckt sie so sehr, daß sie aufgeben. Er hat Bruder Paul bei sich, und Paul ist ein sehr sanfter und gütiger Mensch, der dir deinen verdammten Kopf abreißen kann. Pauls Anwesenheit überzeugt die SM-Schar davon, daß sie diesen Kampf

---

* gothic = mittelalterlich-gruselig; ** SM = *sadomaso

verlieren würden – doch ein paar von Stuies Kumpels werfen sie hinaus.

Wie auch immer, Stuie trifft in der Bar einen Magier der satanischen, linken Seite, der eine schwarze Priesterrobe trägt. Stuie findet das sehr passend, denn im Zentrum der katholischen Kirche in Rom gibt es eine Menge Schwarzmagier. Stuie heftet ein Kügelchen seiner eigenen Identität an den Rücken des schwarzen Priesters und folgt ihm (ätherisch) ein paar Tage, in der Hoffnung, den Teufel zu finden. Es hat nicht wirklich funktioniert, aber Stuie bekommt einen Hinweis. Jedesmal, wenn er an den schwarzen Priester denkt, stellt er sich vor, daß er diesen Kerl mit dem schwarzen Herzen zurück zu Gott führt.

Das ist ein Trick. Wissen Sie, Stuie versucht, den Teufel anzulocken, denn der Teufel würde auf keinen Fall zulassen, daß dieser falsche SM-Priester zu Gott zurückkehrt.

Jetzt passiert etwas ziemlich Erschreckendes. Stuie hat telefonisch in einer auf mehreren Kanälen ausgestrahlten Radiosendung in Amerika darüber gesprochen, was für ein Riesenquatsch dieses Gerede über die Macht der UFOs sei – daß sie keinerlei Tricks haben, die wir nicht kennen. (Stuie glaubt an UFOs, weil er mehr als hundert davon gesehen hat, und die Grauen sind ungefähr 18 Monate lang durch Wände hindurch zu ihm gekommen. Er sagt, sie seien ein Haufen Mist, ein Kontrolltrip, der Sie veranlassen soll zu glauben, sie wären Wesen mit einem höheren Bewußtsein von einem anderen Sternensystem.)

Jedenfalls tritt nach dem Telefonat mit dem Radiosender ein

Wesen mit Klauen von hinten an Stuie heran und versucht, sein Kronenchakra herunterzureißen (wenn man sein Kronenchakra verliert, ist man tot.) Stuie dreht sich schnell um, und das Wesen zieht sich zurück. Stuie ist daraufhin tagelang krank. Trotzdem findet er, der Teufel muß sich schon etwas Besseres einfallen oder es bleiben lassen, denn Stuie meint, der Teufel hat damit seine beste Chance vertan.

Man kann etwas suchen und suchen und findet es einfach nicht, und dann, wenn man aufgibt und sich zurücklehnt, taucht es plötzlich auf. Na ja, bei Stuie und dem Teufel ist es nicht ganz so. Stuie ist in einer Art anderen Welt und sucht nach Antworten, als plötzlich ein unheimliches Wesen auftaucht, das so aussieht, wie Stuie sich in etwa den Teufel vorstellt, und sich dreist vor ihn stellt. Er/sie/es ist umgeben von Zombies – sie wirken wie lebende Tote, bestehen nur aus Knochen und haben seltsame Schädel. Sie kommen näher und bedrohen Stuie, der zunächst vorsichtig ist und nicht reagiert, aber plötzlich kommt einer ganz dicht, bis auf wenige Zentimeter, an ihn heran, und Stuie verpaßt ihm einen sanften, aber festen Schlag auf den Kopf.
Sanft, aber fest? Was soll denn das heißen? Na ja, so hat es Stuie beschrieben, sanft, aber fest. Der Zombie war jedenfalls schockiert, denn er ist daran gewöhnt, daß die Menschen Angst vor ihm haben; plötzlich gerät die Zombiewelt etwas ins Wanken. Ungefähr zehn weitere tauchen auf und rücken Stuie auf den Pelz, aber der begrüßt sie alle mit einem Schlag auf den Kopf. Dann kreuzt ein ganzer Haufen auf, aber sie haben gesehen, was mit den anderen passiert ist, also ziehen sie sich gleich wieder zurück – ihnen ist klar, daß unser Freund Stuie

vielleicht zur Besatzung der ›Dawn Trader‹ gehört. Hoppla. Mittlerweile hat sich das teufelsgleiche Wesen, etwas verunsichert, aus dem Staub gemacht. Aber jetzt ist es zu spät, denn Stuie hat ihn gesehen und glaubt jetzt, daß er ihn jederzeit wiederfinden kann.

Inzwischen sind »Kondensstreifen« über seinem Kopf aufgetaucht. Kondensstreifen sind diese dampfartigen Spuren am Himmel, die nicht identifizierte Militärflugzeuge hinterlassen, von denen die Regierung angeblich nichts weiß. Man nimmt an, daß die Streifen Pathogene* enthalten. Stuie weiß nicht, was ein Pathogen ist, aber er erkennt einen Kondensstreifen, wenn er einen sieht, und weiß, daß man davon krank wird. Das hat mit der bevorstehenden Grippeepidemie zu tun, heißt es, die dafür sorgen soll, daß die Bevölkerung dezimiert wird und leichter zu kontrollieren ist. Neunzig Prozent aller Kondensstreifen findet man über Amerika, die übrigen zehn Prozent befinden sich wohl über Bruder Stuie. Die Kondensstreifen und der Teufel sind nie weit voneinander entfernt. Das glaubt Stuie zumindest. (Ärgert es Sie denn nicht, daß Leute vorgeben, Sie zu beschützen, wenn sie in Wahrheit versuchen, Sie zu töten? Lügen, Lügen und noch mehr verdammte Lügen.)

Wie auch immer, Stuie ist gerade mit den Zombies fertig geworden, als die Kondensstreifen über ihm auftauchen. Er erhebt seine Hand und sagt mit sehr lauter Stimme: »Nein.«

Der Kondensstreifen platzt wie eine Seifenblase und verschwindet. Jetzt ist Stuie sehr verwirrt. War der Streifen echt oder nicht? Stuie probiert dasselbe eine Woche später, und der Streifen platzt auf dieselbe Weise. Stuie beginnt sich zu

---

* Pathogen = Krankheitserreger

fragen, ob die Mistkerle in den UFOs die Kondensstreifen nicht nur erzeugen, um die Menschen zu erschrecken – ist es nur ein Trick, mit dem den Menschen Angst gemacht wird, so daß es mehr ätherische Nahrung für sie gibt? Letzten Endes, vermutet er, ist es beides, real und nicht real. Stuie ist jedoch absolut überzeugt davon, daß die UFOs und die dunkle Seite der ›geheimen Regierung‹ ein und dasselbe sind – sie gehören zum Plan des Teufels, alles zu kontrollieren. Es ist erstaunlich, was man herausfindet, wenn man den Teufel sucht.

Eine Zeitlang ist Stuie ein wenig deprimiert, weil ihm die Vorstellung, daß Millionen von Menschen an irgendeiner Epidemie sterben, nicht gefällt. Stuie kommt darüber hinweg. Hilfe naht ohnehin. Aber Stuie stellt fest, als er weitermarschiert, daß man alles tun soll, um sein Immunsystem zu stärken, denn das könnte darüber entscheiden, ob man umfällt oder stehen bleibt. »Umfallen kann einem auf die Nerven gehen«, sagt Stuie. Schreiben Sie das auf.

Als er nach dem Teufel sucht, damit er die Herrin vom See finden kann, beginnt Stuie sich zu fragen, wer zum Kuckuck es ist, der alles kontrolliert. Er stellt seltsame Fragen, etwa: Wem gehört eigentlich die US-Notenbank, die Federal Reserve? Und: Warum sterben amerikanische Arbeiter an dem Streß, den sie haben, weil sie Privatbanken Geld zurückzahlen müssen, das gestern noch gar nicht existierte, Geld, auf dem die Tinte noch feucht ist? Geld, mit dem ihre eigene Regierung, wenn sie es zinsenfrei drucken und verteilen würde, alle Amerikaner aus einem schrecklichen Schicksal befreien könnte.

Hunderttausende fallen jedes Jahr tot um. Vergessen Sie den Holocaust, was hier läuft, ist viel größer – es vernichtet tröpfchenweise. Vergessen Sie auch die afroamerikanische

Sklaverei früherer Zeiten; natürlich ist sie eine traurige Sache, aber nicht so traurig wie die moderne Sklaverei, die bereits mehr Menschen ausgerottet hat als der Holocaust – Amerikaner aller Rassen und Glaubensrichtungen, Gott segne ihre etwas naiven Seelen.

Als Stuie eines Tages wegen der Abscheulichkeiten der Menschen weint, kommt er zu dem Schluß, daß die Federal Reserve und die Nazis einander sehr ähnlich sind. Obwohl die Nazis, so Stuie, die schöneren Uniformen hatten. (Stuie war von den Nazis nie sonderlich begeistert, aber ihre Uniformen gefallen ihm.)

Jedenfalls kann sich Stuie nicht mit der Federal Reserve anlegen, dafür ist er nicht zuständig; aber eines Nachts in einer Bar in Sydney, als er schon ziemlich voll ist, erwähnt er, daß der schmierige alte Mr. Greedscam* und die Federal Reserve sich lieber warm anziehen sollten, wenn die Göttin erscheint. Während er sich einen weiteren Drink hinter die Binde gießt, fügt Stuie noch hinzu, daß die Wall Street der Federal Reserve in nichts nachstehe, wenn es um Verbrechen gegen die Menschheit gehe; und das Beste, worein man an der Wall Street investieren könne, sei eine etwas obskure Firma namens warm.anziehen.com.

Stuie sucht also noch immer nach dem Teufel, während er herauszufinden versucht, wem eigentlich die westlichen Medien gehören.

»Hoppla«, sagt Bruder Stuie.

Er glaubt nicht an eine Verschwörung, aber die Desinformation ist so weit verbreitet und ähnelt sich überall so sehr, daß

---

* Abwandlung des Namens Greenspan, wie der mittlerweile ehemalige Vorsitzende der Federal Reserve hieß, wobei »greed« Gier bedeutet und »scam« Betrug – Anm. d. Übers.

Stuie vermutet, daß die Eigentümer der Medien und die Transdimensionalen die gleichen Ziele verfolgen. Stuie behauptet
sogar, daß die Transdimensionalen die feisten Aufseher mit
Gedanken versorgen, um aus dieser Welt einen schlechteren
Ort zu machen. Er sagt, man brauche keine Reptilienwesen,
die im Schafspelz herumspazierten; es sei einfach, den Geist
der feisten Aufseher zu beeinflussen, weil sie alles akzeptier-
ten, was ihnen Macht über andere verleihe. Deshalb erschrek-
ken die Medien die Menschen so gern – das verschafft ihnen
die Illusion der Kontrolle und hilft ihnen zu glauben, daß sie
etwas Besonderes und unsterblich sind.

»Propaganda ist nicht richtig«, sagt Stuie.

> BRUDER STUIE SAGT:
> »LASSEN SIE DEN WUNSCH LOS, ETWAS BESON-
> DERES ZU SEIN.
> DAS IST EINE FALLE.
> DAS IST TEIL VOM KONTROLLMECHANISMUS.
> SO WIE ZUCKER.
> LASSEN SIE DEN ZUCKER LOS. ER MACHT SIE
> SCHWACH.«
>
> HEFE IST IN BROT UND BIER ENTHALTEN.
> DIE ZWEI BILLIGSTEN DINGE,
> DIE SIE KAUFEN KÖNNEN, SIND BROT UND BIER.
> DAS ZEUG WIRD FAST VERSCHENKT.
> KLINGELING!
> STUIE WARNT DIE MENSCHEN VOR BIER.
> ER SAGT:

»BIER TRINKT MAN NICHT, MAN LEIHT ES SICH
NUR.
FÜNF MINUTEN SPÄTER
BIST DU AUF DER TOILETTE
UND GIBST ES WIEDER ZURÜCK.«

HEFE ERNÄHRT SICH VON ZUCKER.
SIE GEDEIHT IN IHREM DARM, TRITT IN IHREN
BLUTKREISLAUF EIN UND RAUBT IHNEN DIE
ENERGIE.
SIE IST EIN WESEN, DAS DER FEDERAL
RESERVE ÄHNELT,
ES ERNÄHRT SICH VON DIR.
STEUERN UND ZUCKER SIND
LAUT STUIE DASSELBE.

Auf seiner Suche nach dem Teufel beobachtet Stuie die Mecha-
nismen des Reichtums und entdeckt etwas Seltsames: Auf
alles Wertvolle scheint es ein Monopol zu geben; und es sind
immer dieselben paar Leute, die diese Monopole über Genera-
tionen hinweg beherrschen. Der Goldpreis wird jeden Morgen
in London von ein paar Typen festgelegt, die für dieselbe Cli-
que arbeiten, die anscheinend auch einen Teil der Federal
Reserve besitzt. Der Diamantenmarkt ist ein weiterer ge-
schlossener und von diesen Leuten manipulierter Markt. Es
sind immer dieselben teufelsgleichen Typen, und sie tauchen
überall auf. Stuie sagt: »Du mußt nicht lange suchen, um den
Antichrist zu finden.«
Wie auch immer, Stuie sucht nicht nach dem Antichrist, er ist
noch immer auf der Suche nach dem Teufel. Außerdem steht

Stuie nicht so sehr auf Gold oder Diamanten – er hat sich ganz dem Silber verschrieben, denn er weiß, mit Silber kann er Argante, die Herrin vom See, anlocken. Zumindest hofft er das. Wem mache ich hier was vor? Sie wissen, daß Stuie ihr am Ende schließlich begegnet ist.

Eigentlich hatte ich an dieser Stelle aufhören wollen, aber ich glaube, ich sollte Ihnen erzählen, wie Stuie das geschafft hat, sonst fühlen Sie sich vielleicht hintergangen. Und durch Traurigsein mehr Traurigkeit zu erzeugen ist gegen Stuies Religion. Uns geht es um die andere Seite der Traurigkeit – Freude.

Um die Geschichte abzukürzen, werde ich einfach ein paar der unwesentlichen Details weglassen und gleich zu dem Punkt kommen, an dem Stuie den Teufel gefunden hat. Stuie hat mir nicht erzählt, wie genau er das gemacht hat; er sagte, es sei etwas zu gefährlich, die genauen Details bekanntzugeben. Er begann seinen Bericht, indem er sagte: »Sie müssen sich das in etwa wie folgt vorstellen, wenn Sie so wollen.« (Ich mag es, wenn er »wenn Sie so wollen« sagt. Es ist gut, zu wissen, daß es so etwas wie eine Hintertür gibt.) Stuie sagt, Teufel zu sein sei eine viel zu große Aufgabe, als daß ein einzelner sie bewältigen könne. Also wurde sie auf viele verteilt, und sie alle sind Teil der kontrollierenden Mächte und der Dunkelheit. Einige davon sind Transdimensionale, die vorgeben, aus einem anderen Teil des Universums zu stammen. Und dann sind da noch ihre Partner hier auf der Erde: Faschisten der Luft und »Bodenkontrolle an Major Tom«, sozusagen. Stuie sagt, sie können dir nichts anhaben, wenn du keine Angst hast und wenn du bedingungslos lieben kannst. »Üben Sie, Saddam Hussein zu lieben«, sagt Stuie. Stuie ist ziemlich gut darin, Menschen zu lieben, die er nicht mag, obwohl er findet, Greedscam und die Federal Reserve sind ein

großer, übler Haufen Müll, und es ist ihm noch nicht so recht gelun-
gen, sie zu verdauen und zu lieben. Stuie schätzt, wenn er lange
genug wartet, wird die ›Dawn Trader‹ sie holen, so daß er sie nicht
lieben muß. Ich habe ihm gesagt, daß er das Problem damit nur
umgeht und verleugnet, und er hat etwas verlegen gewirkt und ge-
sagt: »*Ich bin nicht perfekt.*«

Nachdem sich Stuie mit den Monopolen und Lügen der Welt
beschäftigt und herausgefunden hat, wem diese Monopole gehören, machte er sich wieder an seine Aufgabe, den Teufel zu
finden – oder so viele wie möglich, wenn man davon ausgeht,
daß der Teufel gleichzeitig an vielen verschiedenen Orten ist.
Stuie meinte, wenn er sich dem Teufel stellen wolle, wäre es
vielleicht eine gute Idee, mehr über Gott und den Willen Gottes zu wissen. Natürlich weiß Stuie, daß Gott keinen Willen
hat. Er vermutet aber, daß Gott von einer Anmut erfüllt ist, die
man eventuell mit einem Willen verwechseln könnte. Stuie hat
eine ziemlich genaue Vorstellung von dieser Anmut, aber er
will auf Nummer Sicher gehen. Deshalb geht er und wohnt
eine Zeitlang in einem Tempel in einem Wald. Dort durchlebt
er einen kleinen Tod. Auf der anderen Seite des Minitodes ist
Gott. Er ist nicht so, wie Sie ihn sich vorstellen; er ist viel
größer.
Stuie sagt also: »Vergessen Sie all den Unsinn über das Leben
im Licht. Gott ist weit mehr als nur ein wunderbares Licht
oder eine himmlische Dimension.«
Als Stuie sieht, was die Menschen als Gott bezeichnen, ist er
ziemlich enttäuscht. Er befindet sich irgendwo da draußen im
Kosmos und blickt zurück auf die Erde. Und da ist dieser
riesige ovale, orangefarbene Fußball – ähnlich dem Ball beim

amerikanischen Football, nur länger, viel länger, etwa mehrere hundert Kilometer lang. Alles, was sich die Menschen unter Gott vorstellen, macht gerade einmal einen mehrere hundert Kilometer großen orangefarbenen Ball aus Emotionen aus! Er ist ziemlich durchsichtig, und Stuie macht sich einen Spaß daraus, durch Gott hindurch auf die Erde zu schauen. Stuie sagt, es sei, als blickte man durch den Kopf Gottes hindurch. Es ist ihm etwas peinlich. Stuie hat nicht vor, den orangefarbenen Ball durcheinanderzubringen. Der orangefarbene Ball ist natürlich nicht der wahre Gott; er ist nur die Gesamtheit dessen, was die Menschen dafür halten.

Unser Freund sagt: »Es ist traurig, zu sehen, daß die Menschen nicht die blasseste Ahnung haben.« Stuie kann manchmal etwas direkt sein, aber meistens weiß er, wovon er spricht. Allmählich gelangt Stuie jedenfalls dorthin, wo die Höheren Himmlischen Mächte über das Schicksal der Welt nachdenken. Er fragt sich, ob die ›Dawn Trader‹ wohl von dort ihre Marschbefehle bekommt. Wie sich herausstellt, ist die Sache wesentlich komplizierter. In jedem Molekül jedes Faschisten auf der Erde und sonstwo befindet sich ein Selbstzerstörungsknopf, auf dem ein Schiff abgebildet ist. Üblicherweise drükken die Faschisten ihren Selbstzerstörungsknopf selbst, aber wenn sie noch schwanken, dann übernehmen das die Kräfte der Wiedergutmachung für sie. Die ›Dawn Trader‹ ist also eine äußerliche Manifestation der dunklen Seite. Sie ist Teil derselben – ein von Gott erschaffener Staubsauger, der dafür sorgt, daß keine dieser Ratten mit dem, was sie tut, allzulange durchkommt.

Es ist schon erstaunlich, was man herausfindet, wenn man den Teufel sucht, um ihn auf den Mund zu küssen und ihm zu sagen, daß man ihn liebt. Wissen Sie, das Licht darf die Dunkelheit nicht angreifen, also sorgt es dafür, daß sich die Dunkelheit im Laufe der Zeit selbst zerstört. Das ist wie ein verborgener Virus im System der Dunkelheit.

Stuie sagt: »Schreiben Sie das auf: Es gibt kein Entkommen – dunkle Zellen müssen sterben.« Wirklich verblüffend.

Nachdem Stuie das entdeckt hat, schlägt er vor Freude die Hacken zusammen. Ihm wird klar, daß er nichts tun muß, und auch sonst braucht keiner etwas zu tun. Die Dunklen unserer Welt implodieren bereits tief im Inneren, und bald wird sich das auch an der Oberfläche manifestieren. Stuie fragt sich aber, ob es wohl freie Stellen bei den Mächten der Wiedergutmachung für einen lernwilligen Anfänger gibt. Knöpfe zu drükken, das klingt für Stuie nach einem lustigen Spiel, mit dem man sich die Zeit vertreibt, bevor der Pub öffnet.

Der gute alte Stuie ist zwar ziemlich fix, was seine Wahrnehmung betrifft, doch als er es mit den Mächten zu tun bekommt, macht er ganz schnell auf bescheiden und demütig – schließlich will er sich keinen kosmischen Schlag auf den Kopf einhandeln. Die Mächte fragen ihn:

»Und, Stuie, was hast du in letzter Zeit so getrieben?«

Sie erinnern Stuie manchmal an Polizisten, die unaufhörlich Fragen stellen, auf die sie die Antworten ohnehin schon kennen. Wie auch immer, Stuie stottert die Geschichte von der Herrin vom See herunter: Silber, Gewürze im Haar, blablabla, und so weiter und so fort – dann wartet er.

»Was noch?« fragen die Höheren Wesen.

»Na ja«, sagt Stuie und geht in die Defensive, »ich weiß, daß ich ein ziemlicher Filou bin, aber ich glaube, daß es meine Aufgabe ist, den Leuten davon zu erzählen, wie sie aus dem

Gefängnis ausreißen können, das die modernen Faschisten für ihren Verstand errichtet haben. Ist das in Ordnung?«

Stuie wartet nicht auf eine Antwort. Er weiß, daß die Mächte nichts von Kontrolle halten, also ist die Antwort ohnehin klar. Er erklärt weiter, daß er nur mit den Leuten redet. Klar, seine Geschichten sind etwas gruselig, aber er bringt die Leute auch zum Lachen. Eigentlich will er sie nur dazu bringen, wieder zu Gott zurückzukehren – diejenigen zumindest, die nicht zuviel Angst haben und seine Gruselgeschichten ertragen. Stuie meint, der Teufel könne die übrigen haben.

»Genau«, sagt Gott (beziehungsweise die Mächte, die Gott verkörpern). »Genau deshalb wird dein Plan, den Teufel zu küssen, funktionieren. Weil du eine Menge Leute so verschreckt hast, daß sie zum Teufel gegangen sind. Gut gemacht.«

Stuie wird jetzt etwas brummig. Er hat noch nie die andere Seite betrachtet und gesehen, daß er die Leute mit seiner Art in die Arme des Teufels getrieben hat.

»Ach, was soll's«, ruft er, »einen gewonnen, einen verloren!«

Dann sagt Gott: »Stuie, du kannst den Teufel nicht lieben, wenn du ihn verleugnest. Du mußt da hinausgehen und der Teufel sein, mußt spüren, wie sich das anfühlt. Erst dann kannst du den Teufel lieben – weil du dich selbst kennst. Versuche, eine Zeitlang der Prinz der Finsternis zu sein, und schau, was du daraus lernen kannst.«

Prinz der Finsternis zu sein ist nicht gerade Stuies Fall, bis er herausfindet, was für einen Heidenspaß das machen kann.

All diese Gespräche und Geschehnisse finden natürlich statt, während Stuie im Tempel liegt und irgendwie tot ist. Er ist zu dieser Zeit auch blind, also sei ihm vergeben, daß er etwas durcheinander ist. Wie sich herausstellt, ist der Körper, den

Stuie bewohnt, aber nicht wirklich tot, er liegt nur im Koma. Um eine lange Geschichte etwas abzukürzen: Stuie steht am nächsten Tag als völlig anderer Mensch auf. Dann überlegt er eine Weile – er ist nicht sicher, was er als nächstes tun soll, weil er, so scheint‹s, keine Anweisungen von Gott in seiner Tasche hat, wie sonst immer.

Also beschließt unser Stuie, eine Zeitlang den Prinzen der Finsternis zu spielen. Und es macht eine Menge Spaß, weil man die feisten Aufseher so schön erschrecken kann, indem man einfach »Buh!« sagt ... vor allem, wenn die ihren Schatten tief in ihrem Inneren verborgen haben. Jedenfalls ist das die einzige Möglichkeit, den Teufel zu finden, und das wiederum ist unerläßlich, wenn er die Herrin vom See finden will. Stuie hat mehr zur Herrin vom See gebetet als irgend jemand vor ihm.

Prinz der Finsternis zu sein ist unbeschreiblich berauschend, es ist wie ›Süßes, sonst gibt‹s Saures‹, nur daß es keine Süßigkeiten gab, nur Saures. Stuie verbringt ein wenig Zeit damit, die Rechtschaffenen das Fürchten zu lehren und sie so zurück zu Gott zu führen. Dann, als Stuie den Rat eines lebenden Heiligen befolgt, erkennt er, daß Licht und Dunkel ein und dasselbe sind. Und der Heilige macht Stuie auch darauf aufmerksam, daß er den Job ganz übernehmen müsse, wenn er zu gut darin werde, Prinz der Finsternis zu sein. Stuie haßt diese Vorstellung. Die Sache an sich gefiel ihm, weil sie neu war, aber die Vorstellung, täglich von früh bis spät Prinz der Finsternis zu sein, machte Stuie schreckliche Angst.

Egal, er weiß, daß der Teufel eigentlich nur ein wenig Aufmerksamkeit möchte. Also ruft er ihn in der Nacht, versucht, ihn anzulocken, indem er ihm anbietet, ihm einen zu blasen, aber der Teufel bleibt weg. (Ich glaube ja, der Teufel wußte, daß Stuie sein Angebot nicht wirklich ernst meinte.) Wie auch immer, Stuie hat die Anweisung, den Teufel zu küssen; davon, ihm einen zu blasen, war nicht die Rede. Stuie übertreibt es manchmal wirklich. Er hat den ›es allen recht machen wollen‹-Unsinn, den man ihm in der Kindheit beigebracht hat, noch immer nicht ganz abgelegt.

Nach einer Weile hat Stuie entschieden genug davon, daß sich der Teufel nicht zeigt, also engagiert er ein paar Engel, die ihm helfen sollen. Er hätte sie schon vor Jahren herbeirufen können, aber er hatte nie daran gedacht, um Hilfe zu bitten – ein weiterer Fehler. Die Engel ziehen umher, bis sie den Teufel finden, der schmollend in einer Bar sitzt und in sein Bier weint. Der Höllenfürst weiß, daß seine Tage als richtiger Teufel gezählt sind, sobald er Stuies Liebe akzeptiert, weil ein Teil von ihm dann auf die andere Seite wechseln muß.

Stuie ist sehr verantwortungsbewußt und glaubt, ob zu Recht oder zu Unrecht, sei dahingestellt, daß er der einzige sei, der mit dem Teufel umgehen könne – und zwar nicht nur, weil er beinahe alles dafür tun würde, sondern auch, weil er die Prüfung als Prinz der Finsternis bestanden hat und somit Licht und Dunkelheit verstehen kann.

Auf den Tip eines Engels hin taucht Stuie schließlich auf, küßt den Teufel und sagt: »Du bist im Grunde ganz in Ordnung, Bruder, aber versuche, dich ein wenig zu bessern.«

Dann haut er ihm unerwartet eine runter, und schließlich hält er ihn eine halbe Stunde lang im Arm, wobei er ihm immer und immer wieder sagt, daß er ihn liebt.

Etwas vom Blut des Teufels tropft auf Stuies weißes Hemd. Zuerst ist Stuie über den Fleck etwas verärgert, aber dann erkennt er, daß er eigentlich ein Segen ist: Er wäre gut geeignet, damit Priester wie die Irish Christian Brothers, die kleine Buben sexuell mißbrauchen, zu erschrecken. Wie sich herausstellt, gibt es eine ganze Enzyklopädie darüber, was man mit dem Blut des Teufels tun kann, aber Stuie weiß das noch nicht. Er steht kurz davor, seine Rolle als Prinz der Finsternis aufzugeben, obwohl er das erst weiß, als die Herrin vom See auftaucht.

(Jetzt kommt der beste Teil der Geschichte.) Stuie sagt zum Teufel: »Hör mir zu, Bruder. Du bist zwar ein ziemlicher Dummbeutel, aber du bist auch recht nützlich. Warum arbeitest du nicht für mich? Ich habe früher für Gott gearbeitet und versucht, die Leute mit Tricks zum Licht zurückzuführen. Aber viele hatten zuviel Angst und konnten das Licht nicht ertragen. Ich habe sie auf die Probe gestellt, um herauszufinden, ob sie etwas taugen, aber die meisten waren zu sehr mit sich selbst beschäftigt oder zu rechtschaffen oder zu dies und zu das – hauptsächlich verängstigt. Nur wenige haben es geschafft. Einige haben einen Teil des Weges zurückgelegt, aber von den 100.000 oder so haben es nur ungefähr 1.500 bis zu Gott geschafft. Du hast dich wohl von denen ernährt, die zu sehr gebummelt haben, du Teufel, du. Wenn wir sie nicht mit Güte überrumpeln können, versuchen wir es mit Angst, nicht wahr, mein Teufelchen? Laß mich dich von Zeit zu Zeit lieben, schließlich sind wir doch im gleichen Gewerbe tätig. Wir wollen doch beide die Leute zurück zu Gott bringen.«

Der Teufel erwärmt sich für Bruder Stuie, als ihm klar wird, daß er, der Teufel, eigentlich die ganze Zeit für Gott gearbeitet hat. Er fühlt sich ziemlich nützlich und ist richtig stolz. Außerdem muß er ohnehin zumindest höflich tun, denn Stuie hält ihn fest, und dem Teufel ist nicht danach, eine weitere Ohrfeige zu kassieren.

Stuie fährt fort: »Ich möchte dir eine Liste der Leute geben, die ich suche – die verschollenen Mitglieder sozusagen.«

Der Teufel ist recht zufrieden, denn jetzt ist er aus dem Schneider. Er sagt: »Soll das heißen, du läßt mich herumziehen und die Leute auf deiner Liste erschrecken?«

Und Stuie erwidert, wie er das immer tut: »Natüüüürlich darfst du das.«

Stuie reicht dem Teufel also einen weiteren Drink und steckt ihm eine Liste mit Namen von ungefähr 100.000 Leuten in die Brusttasche. Dann sagt er: »Mach schnell, und laß dich nicht ablenken, sonst setzt es was!«

Stuie ist wirklich ein friedlicher Kerl, aber wenn er dir eine scheuert, dann mit solch einer Wucht, daß es verdammt weh tut – der Teufel weiß das aus eigener Erfahrung, denn seine Lippen bluten immer noch.

Dann kehrt Stuie nach Irland zurück und lädt seinen Freund, den lebenden Heiligen, den er Tripitaka nennt, ein, eine Weile bei ihm zu bleiben. In einem ruhigen Augenblick sagt er zu ihm: »Ich habe versucht, 100.000 zu retten, aber die meisten waren zu unsicher oder zu verängstigt, das zu erkennen. Ich hatte das Gefühl, sie müßten dringend erkennen, in welcher Gefahr sie sich befinden. Die meisten verrannten sich in die Vorstellung, etwas Besonderes zu sein. Der Rest von ihnen brauchte Status, Geld, verheerende Beziehungen, Babys und so weiter – alles, um sie vom Weg abzubringen. Ich mußte den Teufel zu ihnen schicken. Ich weiß nicht, ob man sich auf ihn verlassen kann. Es war höllisch schwer, ihn überhaupt zu finden. Was mache ich jetzt?«

Der Heilige sagt: »Ruh dich ein wenig aus, Stuie, und dann lern Französisch. Du wirst es brauchen, denn in Frankreich gibt es genauso viele Schwachköpfe wie in deinem Heimatland England.«

»Ich habe ein paar echte Krieger aus England herausgeholt«, sagt Stuie, »und sie sind wirklich gute Kämpfer, die Engländer, ebenso wie die Schotten, aber die übrigen Leute sind eine Katastrophe. Sie sind zu sehr ihrem Verstand verhaftet, als daß man sie für irgend etwas gebrauchen könnte.«

»Stimmt«, erwidert der Heilige. »Überlaß sie dem Teufel.«

»Ich habe mich auch um die Iren sehr bemüht«, sagt Stuie, »aber sie sind manchmal ein wenig zerstreut, und das schwächt sie. Sie behaupten, daß ein Teil ihres irischen Geistes in der Hungersnot umgekommen sei. Natürlich ist er das nicht, aber sie erzählen gern Leidensgeschichten. Viele von den Starken sind ohnehin weggegangen.«

»Richtig«, sagt der Heilige, »aber einige von den Starken kommen zurück, und außerdem sind sie alle gut, wenn es um das Trinken und um Poesie geht.«

»Ja«, erklärt Stuie. »Dafür liebe ich sie. Das ist doch alles, was man braucht. Übrigens, die Liebe meines Lebens ist Irin, aber ich kann ihr nicht sagen, daß ich sie liebe, denn wenn ich das tue, wird sie weglaufen.«

Der Heilige erwidert: »Stuie, du mußt aufhören, dich nach Dingen zu sehnen, die du nicht haben kannst.«

»In Ordnung«, sagt Stuie. »Aber könnten wir ausgehen, etwas trinken und uns prügeln, um ein wenig Energie freizusetzen?«

Stuie und der Heilige nehmen in einem Pub einen Drink zu sich, und Stuie wartet darauf, daß etwas Seltsames passiert. Er sagt zu seinem Gefährten: »Du bist ein Weichling und ein Jammerlappen. Sieh zu, daß du in die Toilette verschwindest, sobald die Prügelei beginnt, damit du nicht verletzt wirst. Ich hab dich wirklich gern, aber ich möchte Gott nicht erklären müssen, warum einer seiner Heiligen in einem Pub vermöbelt wird, nur weil ich das Mädchen, das ich will, nicht haben kann.«

Der Heilige beugt sich vor und fragt: »Wie heißt sie denn, Stuie?«

Stuie flüstert ihm ihren Namen zu, doch alles, was man bei dem Krach im Pub hören kann, ist, daß er mit einem H beginnt.

Tripitaka sagt zu Stuie: »Du, Bruder, steckst voller Mist. Das spielt sich alles nur in deinem Geist ab. Wenn du sie wirklich haben wolltest, könntest du es, denn sie hat was für ihren Vater übrig, und du erinnerst sie an ihn. Die Wahrheit ist, Stuie, daß du sie nicht wirklich willst. Wenn du bei ihr landen könntest, dann würde sie dich bald langweilen, und du würdest dich an ihre beste Freundin heranmachen. Wach endlich auf, Mann, wach auf!«

»Verdammt, ich will mich prügeln!« sagt Stuie, leicht frustriert von diesem ganzen Beziehungskram. Genau in dem Augenblick taucht ein Kerl von der Garda (der irischen Polizei) auf und versucht, Stuie wegen ungebührlichen Verhaltens zu verhaften.

Stuie sagt: »Entschuldigen Sie, Sir, warum ziehen Sie nicht Ihre Uniform aus, und wir tragen die Sache wie Bürger aus.«

Der Bulle lehnt ab und bietet Stuie statt dessen an, ihn in Gewahrsam zu nehmen. Stuie sagt: »Sie können mich nicht verhaften, weil ich noch gar nichts getan habe. Außerdem bin ich der verdammte Prinz der Finsternis, und wenn Sie mich verhaften, dann werde ich Sie und Ihre Familie bis ans Ende Ihrer Tage quälen. Ich schicke Ihnen Krankheiten, von denen

Sie noch nie gehört haben, und ich werde es genießen, Ihnen das Leben zur Hölle zu machen.«

Der Polizist erschrickt ein wenig, weil ihm klar wird, daß hier etwas sehr Seltsames vorgeht – und was soll das heißen, ›tragen wir die Sache wie Bürger aus‹? Wer zum Kuckuck ist dieser komische Kerl, der behauptet, der Prinz der Finsternis zu sein? Letztlich schließt der Polizist mit Stuie Frieden und bietet ihm an, ihn und den Heiligen zurück zur Präsidentensuite des vornehmen Hotels, in dem die beiden wohnen, zu bringen.

Während Stuie auf dem Rücksitz des Polizeiautos sitzt, segnet er den Polizisten leise mit der Art von Worten, wie sie der Papst auch verwendet: »Ecce crucem domini ... blablabla«, (der Polizist war katholisch). Und kurze Zeit später wird der Kerl unerwartet befördert, also kann man sagen: Ende gut, alles gut.

Stuie sitzt jetzt, um ein Uhr morgens, ziemlich gelangweilt in seinem Hotelzimmer und formuliert seine Theorie über Prügeleien. Sein Berater, der Heilige, ist zu Bett gegangen. Stuie vermutet, man kann eine Prügelei immer gewinnen, auch gegen viel größere Gegner, indem man den Kerl dazu überredet, daß man ihm den ersten Schlag verpassen darf.

»Es ist«, sagt Stuie mit einem schelmischen Grinsen, »viel leichter, als man glaubt.«

Die meisten Menschen haben Angst davor, eine Prügelei anzufangen, und finden es erst dann gerechtfertigt, mitzumachen, wenn sie bereits im Gange ist. Alles, was man also tun muß, ist, auf die linke Seite ihres Gehirns zu schauen und leise zu sagen: ›Hast du etwas dagegen, daß ich die Verantwortung dafür übernehme, die Prügelei anzufangen? Ich schlage dich, und damit hast du einen berechtigten Grund, zurückzuschlagen.‹ Natürlich erwähnt Stuie nicht, daß sie, wenn er sie schlägt, in weniger als drei Sekunden 25mal getroffen werden und daß sie in der Regel nicht zurückschlagen können, weil sie meistens vorher hilflos auf dem Boden liegen, Blut spukken, nach oben blicken und den Kronleuchter bewundern.

All diese Gedanken gehen Stuie durch den Kopf; außerdem hat er den Film *Fight Club* gesehen, und ihm wird folgendes klar: Wenn man sich mit Menschen prügelt, die zwangsläufig verlieren, dann ist das Gewalt, aber wenn man sich mit Menschen prügelt, die einen windelweich schlagen, dann ist das Wiedergutmachung. Jetzt fühlt sich Stuie besser und beschließt, die Prügeleien für immer aufzugeben.

Dann gehen ihm wieder die Liebesbeziehungen durch den Kopf. Mittlerweile ist es ungefähr ein Uhr dreißig, und sein Berater, der Heilige, schläft tief. Also überlegt Stuie, was er als nächstes tun soll. Aus dem tiefen Inneren seiner Seele erhält er eine Botschaft:

»Laß die Liebesbeziehungen los, und widme dich statt dessen der bedingungslosen Liebe. Das funktioniert weit besser, und es tut nicht so weh wie eine Liebesbeziehung, weil du dabei nie das Gefühl hast, daß du jemandem gehörst oder daß du sie oder ihn besitzt. Geh jetzt zurück in den Wald, Stuie, und stell dich der wahren Sache, der Göttin. Die Bodhisattva Kuan-Yin ist jetzt bereit, dich zu empfangen.«

Stuie erwacht aus einem Traum über die Göttin und die Herrin vom See. Er packt den Heiligen und sagt: »Wir fliegen nach Australien. Pack dein Zeug in die Tasche. Flughafen.«

Stuie weiß, er wird die Herrin vom See dort finden. Es klingt vielleicht seltsam, daß eine keltische Göttin in Australien zu finden sein soll, aber wenn Stuie etwas weiß, dann irrt er sich nur selten – es nervt geradezu, wie verdammt zutreffend seine Aussagen sind. Was soll man machen? Schließlich hat er seinen Schatten getroffen, hat die Große Hitze durchlitten, den Teufel geküßt, den Liebesbeziehungen abgeschworen und sich der bedingungslosen Liebe verschrieben, und letzten Endes hat er auch noch zugestimmt, die Trinkgelage und die Prügeleien aufzugeben. Er ist bereit, obwohl seine Silberarmreifen, Seidengewänder und die Gewürze für sein Haar noch immer eingelagert sind. Macht nichts, er braucht sie nicht.

Die Herrin erscheint nicht auf die Weise, wie Stuie es erwartet hat. Er dachte, er würde zu einem See im australischen Busch geführt werden, aber statt dessen kommt sie und findet ihn. Er liegt um vier Uhr morgens auf einer Couch, und plötzlich ist sie da, steht ganz still am Fußende und beobachtet ihn. Sie sieht ganz und gar nicht wie die präraffaelitischen Frauen auf den Gemälden von Camelot aus. Wenngleich sie sehr schön ist. Sie erinnert Stuie eher an einen Naturgeist, denn obwohl sie von weiblicher Gestalt ist, hat sie Hufe und etwas Pelz und einige Federn an ihrem Körper. Ihr Haar ist tief dunkel, ihr Gesicht sehr schön und friedlich, aber ihre Augen sind ausgesprochen unheimlich. Da ist ein weißer Ring in der Mitte der Pupillen und um diese herum – es wirkt auf Stuie wie ein Bullauge.

Stuie sagt: »Ihre Augen sind wirklich unheimlich, Madam. Ich bin schon etwas zu alt für so etwas. Wissen Sie, ich bin einmal dem Teufel begegnet und habe gegen die Grauen gekämpft, also zeigen Sie mir jetzt bitte Ihre angenehme Seite.«

Daraufhin geschieht etwas sehr Seltsames: Die Augen der Göttin verändern sich und erstrahlen in prachtvollem Opalblau. Das sind die schönsten und leuchtendsten Augen, die Stuie je gesehen hat, und sie ist die schönste Frau, die ihm je untergekommen ist. Ihre Anmut, Stärke und Göttlichkeit erstrecken sich bis in die Unendlichkeit, weiter, als man es sich vorstellen kann. Ein geometrisches Muster in ihrem linken Auge erinnert Stuie an die Platine eines Computers. Damit kann sie in die Zukunft sehen. Sie ist allwissend. Stuie sagt, daß er sie liebt und daß er über zehn Jahre lang immer wieder nach ihr gesucht hat. Er fragt sie nach ihrem Namen. Sie sagt: »She-She-La-La."

Stuie ist überwältigt von Dankbarkeit. Er fühlt sich nicht würdig, beginnt zu weinen. Ihm wird bewußt, daß die Göttin, nach der er all die Jahre gesucht hat, die ganze Zeit bei ihm gewesen ist. Sie hat ihn nie im Stich gelassen. Es gab keinen einzigen Augenblick, in dem sie nicht bei ihm war. Während seiner Triumphe und in seinen dunkelsten Stunden, immer war sie da. Argante war Arthurs Herrin vom See; She-She-La-La war Stuies Herrin vom See. Es gibt viele Herrinnen des Sees, so viele, wie es Göttinnen gibt.

Dann tritt She-She-La-La durch seine Fußsohlen in Stuies Körper ein. Er hat keine Angst; er ist bereit. Sie dehnt sich aus, durchdringt seinen Körper. Als sie an seinen Nacken gelangt, hält sie inne, und Stuie wird bewußt, daß sie nicht weiterkommt, weil er zuviel denkt. Also macht er seinen Geist leer, und sie steigt hinauf bis in seinen Kopf. Aber sie schaut in die falsche Richtung. Stuie bittet sie, sich umzudrehen, und sie tut es. Sie verharrt ungefähr eine Stunde in dieser Position, und Stuie erlebt eine Art himmlischer Wonne. Dann zieht sie sich ungefähr auf die Größe einer Billardkugel zusammen und beginnt durch Stuies Körper zu wandern; das kitzelt manchmal. Sie behält diese Form drei Tage lang. Stuie hat den Eindruck, als würde sie ihm irgendwie helfen, zu heilen.

Dann wird sie sehr still. Also beschließt Stuie, einen Tag lang zu schweigen. In den Tiefen dieser Stille taucht sie wieder auf und zeigt Stuie Dinge mit ihrem platinenartigen Auge. Stuie sieht das Schicksal ganzer Nationen. Er beginnt, es aufzuschreiben, aber nach einer Weile hört er auf, weil er weiß, daß er wahrscheinlich niemandem erzählen kann, was er gesehen hat. Nach etwa 20 Minuten schaltet She-She-La-La das Auge aus, und es wird ganz ruhig.

Ich bat Stuie, mir zu erzählen, was er gesehen hat, aber er war sehr vorsichtig. Obwohl er ein paar Dinge sagte, die ich sehr seltsam fand. Er sagte, er möchte sich nicht unbedingt Immobilien in Karatschi oder Tel Aviv zulegen. Weder die Araber noch die Israelis dürften Palästina behalten; es würde ihnen genommen werden und brachliegen. Keiner der Stämme ist des Landes würdig. Die Araber, weil sie Frauen so schrecklich behandeln und sozial isolieren, und die Israelis wegen ihrer Abscheulichkeit, die dadurch zum Ausdruck kommt, daß sie Gebiete militärisch besetzen und auf einem elitären Kontrolltrip sind. Man müsse sich nur ihre Anführer anschauen. Sie sind größere Faschisten, als Goebbels oder Hitler es je waren. ›Dawn Trader‹-Gebiet, würde ich sagen. Stuie sagte, daß vor etwa 50 Jahren vereinbart worden sei, daß ihnen Palästina nur kurzfristig überlassen würde. Daß sie dieses Gebiet nun besitzen, soll der Welt zeigen, wie die verborgene ›dunkle Seite‹ wirklich aussieht. Deshalb sind die Araber und Israelis täglich in den Nachrichten, aber keiner schert sich einen Dreck um einen von ihnen. Die Menschen sollen daraus nur lernen. Deshalb bringt die New York Times auch fast jeden Tag auf ihrer Titelseite eine Geschichte über Palästina. Die Araber spielen die ›Armen‹, die sagen: Schaut euch nur die bösen Israelis an!, und die Israelis spielen die ›Armen‹, die sagen: Es steht uns zu, diese Menschen zu schikanieren und diese Gebiete, die nicht uns gehören, zu besetzen, weil wir von den Nazis mißhandelt wurden.

Weiterhin sagte Stuie: »Island wird gedeihen.«

Ich fragte, warum. Er erwiderte: »Kühe, Island ist sehr sauber und rein.«

»Kühe?« fragte ich.

Stuie antwortete: »Verdammt unheimlich.«

Er sagte, die Menschen sähen für die Kühe wie Faschisten aus. Die Kühe versuchten, sich zu wehren, indem sie bei den Menschen Krebs verursachten. Aber sie konnten die Menschen nicht schnell genug töten, um die große Zahl ihrer eigenen vernichteten Stammesmitglieder wettzumachen, also baten sie um Hilfe. Die Mächte meinten, daß die beste Lösung für die Kühe, zumindest im Augenblick, sei, so zu tun, als würden sie sterben – sie würden irgendwo anders eine zweite Chance bekommen. Und widerwillig stimmte man zu, ihnen zu erlauben, den Rinderwahn als Vergeltung zu hinterlassen. Der Rinderwahn zerstört das Gehirn.

»Denk mal drüber nach«, sagte Stuie.

Schließlich sagte er noch, daß beinahe alle Haustiere, außer den Schweinen, für Fleischesser eine große Gefahr darstellten. Denn als die Haustiere den Ausweg sahen, den man den Kühen anbot, stimmten sie alle für die Endlösung.

Dann sagte Stuie: »War das nicht ein raffinierter Trick, daß die Schweine, das einzige Tier, das bedenkenlos vom Menschen verzehrt werden kann, von den Juden als ›unrein‹ bezeichnet wird? Traue keinem, es ist alles verkehrt herum.«

Stuie sagte auch, daß Neuseeland bankrott gehen würde. Die Maoris versuchten, den Geist von Neuseeland einzufangen, indem sie so tun, als hätte der weiße Mann ihnen ein Unrecht zugefügt. Genau genommen waren es die Maoris, die von anderen Pazifikinseln über das Wasser gerudert sind, um die ursprünglichen Einwohner Neuseelands abzuschlachten. Die Maoris haben überhaupt keinen Anspruch auf Neuseeland, und sie sollten lieber wieder heimrudern – falls irgend jemand so einen zornigen Haufen von Taugenichtsen haben will. Kiri Te Kanawa, die Maori-Opernsängerin, war von Gott gesandt, um die Maori-Seele zu retten, aber sie verfiel so sehr dem Glamour, dem Geld und dem Versuch, so zu tun, als wäre sie eine Weiße, daß ihre Bemühungen ins Leere gingen. Gott ist ziemlich sauer darüber.

In einem etwas ruhigeren Augenblick erzählte Gott Stuie auch, daß die Maoris so zornig sind, weil sie wissen, daß Ihnen tief im Inneren niemand ihre Lüge glaubt. Es hat keinen Sinn, sich um sie Sorgen zu machen, das ist reine Zeitverschwendung. Wie auch immer, viele der Maoris werden an einer schrecklichen, unheilbaren Krankheit sterben, die dazu führt, daß das Blut durchsichtig wird. (Die Guten werden überleben. Bei jedem Volk gibt es Gute und Schlechte.) Stuie hat es gesehen, aber er hat nicht die nötigen medizinischen Kenntnisse, um zu wissen, was das für eine Krankheit ist. Diese abgestorbenen Zellen werden die Lüge widerspiegeln, die ihr Dasein ausmacht. Der Planet wird bald die übelsten der Maoris loswerden, was die übrigen Neuseeländer ein wenig aufmuntern müßte. Obwohl Kiri Te Kanawa nicht dasein wird, um bei ihrer Totenmesse zu singen, was schade ist, denn sie hat wirklich eine schöne Stimme. Stuie sagte abschließend, daß die australischen Ureinwohner im Augenblick sicher sind, denn sie haben ein gutes Herz.

Nach der Begegnung mit She-She-La-La sucht Stuie nach einer Beschäftigung, also beginnt er, vereinzelt Frauen über die Göttin und ihr ätherisches Wirken zu unterrichten. Er zeigt ihnen, wie sie ihre Macht entfalten und vervollkommnen können. Er zeigt ihnen auch, daß es nicht nötig ist, ihre Scham und ihren mangelnden Selbstwert zu erforschen, die häufig auf den Druck von anderen Frauen und Mißbrauch zurückzuführen sind, weil es einen schnelleren Weg gibt.

Stuie wird klar, daß eigentlich She-She-La-La die Frauen unterweist, weil ihm selbst die Hälfte der Dinge, die er lehrt, nicht in einer Million Jahren eingefallen wäre. Er unterweist nur einige wenige Frauen, weil die meisten, die er kennt, die Vorstellung abwegig finden, daß ein Mann ihnen etwas über ihre Weiblichkeit beibringt. Aber den Frauen, die er unterrichtet, gibt er dieses Wissen mit. Stuie sagt, daß ihm, nachdem She-She-La-La ihm gezeigt hatte, was er wissen mußte, klar geworden sei, daß er recht damit habe, daß die Weiblichkeit sich im mathematischen Mittelpunkt des Universums befinde und daß die Frauen von heute, abgesehen von dem, was ihnen vielleicht in einer Zeitschrift unterkommt, nur wenig oder gar nichts über Weiblichkeit wüßten. Stuie sagt, daß Weiblichkeit kaum etwas mit Sex zu tun hat. Die meisten Frauen wissen das aber nicht und setzen Sex dazu ein, sich einen männlichen Beschützer in einer furchterregenden Welt zu erkaufen. Stuie findet es traurig, daß die Frauen völlig grundlos so viel emotionales und psychisches Leid ertragen müssen. Das ist Teil des Kontrolltrips, der ihnen das Gefühl vermitteln soll, daß sie weniger wert sind, als es tatsächlich der Fall ist.

Stuie sagt, alle Frauen sind wertvoll. Er fragt sich, was er mit diesem Wissen tun soll. Er sagt, du kannst es nicht einfach in ein Buch schreiben, denn eine Frau akzeptiert diese Vorstellung vielleicht vom Verstand her, aber ihr Gefühl sagt ihr, daß sie unwürdig ist – und das Gefühl ist immer stärker als der Verstand. Wie auch immer, ein geistiges Konzept ist einfach nie das Wahre. Die Frauen müssen sich aufmachen und die Göttin finden, um es zu verstehen. Dann, und nur dann, werden sie mit Sicherheit wissen, daß jede Frau wertvoll ist. Weil sie aber einen kleinen Tod erleben müssen, um zu ihr zu gelangen, verringert das die Anzahl jener, die es schaffen.

Kapitel 6

Fehlinformationen und die falschen Götter

Ich bin zurück! Ich dachte, es wäre am besten, wenn ich eine Zeitlang weggehe, weil mir Geschichten, in denen es um mich geht, etwas unangenehm sind. Die Geschichte von meiner Suche nach dem Teufel, der himmlischen Hitze und der Herrin vom See ist wahr. Obwohl meine Begegnung mit dem Teufel natürlich nur symbolisch gemeint ist. Auf seltsame Weise ist sie allerdings nicht weit von der Wahrheit entfernt – das Wesen mit den Klauen hat mich im Oktober 1999 wirklich angegriffen, und ein Jahr später ist mein Kronenchakra noch immer nicht ganz geheilt; es geht ihm aber besser.

Wo sind wir?

Offensichtlich befindet sich unser Körper auf der Erde, unser Bewußtsein jedoch, das, was wir wirklich sind, ist überall. Sogar unser Körper ist auf seltsame Weise überall. Wir befinden uns in einer materiellen und zugleich nichtmateriellen Realität, und diese befindet sich in einem Hologramm.

Wenn Sie ein Hologramm betrachten und darin ein Bild von einem Pferd sehen, dann erscheint überall, wo Sie hinsehen, das komplette Bild. Vielleicht meinen Sie irrtümlicherweise, daß 100 Pferde in diesem Hologramm sind, aber in Wirklichkeit handelt es sich nur um ein einziges Pferd, das hundertmal erscheint. In dieser Realität gibt es Sie nur einmal, aber Sie werden überall verdoppelt. Ich habe in einer Spiegelrealität eine weitere Version von mir gesehen – sie sah genauso aus wie ich. Ich lag, und das ›andere Ich‹ war an meinen Füßen mit dem ›realen Ich‹ verbunden. Es lag ebenfalls und erstreckte sich in die andere Richtung. Ich verstehe es nicht gut genug, um es zu erklären. Es könnte sich dabei sehr wohl um eine Hologrammversion meiner selbst gehandelt haben.

Sie befinden sich auch im Mittelpunkt des Universums – ebenso wie ich oder Tante Maud in Ohio. Wenn Sie und ich uns an einem Tisch gegenübersitzen und Kaffee trinken, dann kann man sich nur schwer vorstellen, wie es möglich ist, daß wir beide im Mittelpunkt von allem sein können, denn einer von uns müßte sich doch etwas neben dem Mittelpunkt befinden. Aber so ist es nicht. Sie befinden sich in Ihrem Hologramm im Mittelpunkt Ihres Universums und ich in meinem, und beide sind wir in dem des jeweils anderen. Jeder Teil des Universums (und vielleicht anderer Universen und anderer Dimensionen) ist überall. Die mystische Vorstellung, daß wir alle miteinander verbunden sind, stimmt.

Sie sind alles; jeder von uns ist alles. Alles strahlt ein Gefühl aus. Sie sind also alle Gefühle des Universums. Wenn Sie daher wissen möchten, was sich um die nächste Ecke befindet, müssen Sie sich nur vom Verstand freimachen und sich auf das Gefühl einlassen. Denken Sie daran, außersinnliche Wahrnehmungen (ASW) sind subtile Gefühle, keine Emotionen. Natürlich sind die meisten Menschen nicht daran gewöhnt, auf ihre subtilen Gefühle zu hören, um Informationen zu erhalten, weil sie entweder zu sehr mit dem Denken beschäftigt sind oder Gefühle mit Emotionen verwechseln.

Was Ihnen wie eine außersinnliche Wahrnehmung Ihrer Gefühle erscheinen mag, ist in Wirklichkeit Ihre primäre Wahrnehmung. Der Verstand und sein freier Wille sind diejenigen, die sich darüber hinwegsetzen. Sie setzen ein Ratespiel in Gang, wenn Sie in Wirklichkeit bereits alle Antworten haben und immer hatten. Sie wissen auch ganz genau, was los ist und was als nächstes passieren wird. Jede menschliche Handlung entsteht aus einem verborgenen, unbewußten Impuls heraus, und dieser Impuls ist mit einem Gefühl verbunden. Wenn Sie sich darin üben, dann können Sie die äußerst subtilen Impulse ›fühlen‹, die in der Zukunft auftreten werden. Nachdem Sie es meisterhaft beherrschen, auf Ihre Gefühle zu hören, brauchen Sie nicht mehr zu planen oder zu denken. Alles offenbart sich Ihnen von Minute zu Minute. Das ist eine große Erleichterung. Sobald Ihr Leben so unmittelbar abläuft, können Sie natürlich auch nicht mehr weit im voraus planen, weil Ihre subtilen Gefühle ihren geistigen Plan jederzeit über den Haufen werfen können, was allerdings dazu führt, daß Sie immer recht haben. Ihre subtilen Gefühle irren sich nie.

Sobald Sie dem subtilen Plan folgen, wird das Leben magisch – zunächst werden Sie allerdings die Synchronizität des Lebens nicht verstehen, die Sie überall umgibt und ihr magisches Netz webt. Ja, das Universum ist ganz in der Nähe und rund um Sie herum. Ganz einfach. Deshalb sage ich: Werfen Sie den freien Willen über Bord; er ist Ihr Unglück und Teil des Kontrolltrips. Wahrscheinlich sind Sie sein Sklave. Vergessen Sie ihn. Hören Sie auf, zu suchen und zu planen, lassen Sie es. Hören Sie auf, so zu tun, als ob Ihr Intellekt wüßte, was zu tun ist.

Fühlen Sie, was Sie als nächstes tun sollen. Sie werden sehr schnell gut darin werden. Zuerst werden Sie ein paar Fehler machen, weil Sie es zulassen, daß Ihnen Emotionen und das Denken in die Quere kommen, aber Sie werden es bald meisterlich beherrschen. Bald wird sich nichts mehr vor Ihnen verbergen können, und nach einer Weile werden Ihre subtilen Gefühle auf komplexere Weise zu Ihnen sprechen, wie Visionen.

Wenn sich jeder auf seine Gefühle verließe, dann würde dieser Zoo, dieses Gefängnis, auseinanderfallen. Wir könnten die Welt der Emotionen und des Verstandes verlassen und in das Himmlische Königreich eintreten, denn unsere subtilen Gefühle sind Teil des Himmlischen Königreichs. Sie halten die echte Wahrheit für uns bereit.

Stellen Sie sich eine Welt vor, in der es nur die reine Wahrheit gibt. In der Ihnen Ihr Börsenmakler die Wahrheit sagen müßte, in der Ihre Rechtsanwälte nicht lügen dürften, in der jeder seine wahren Absichten aufdecken müßte. Zunächst würde das reine Chaos herrschen, aber nachdem jeder ein paarmal beim Lügen ertappt worden wäre, würde er bald den Plan befolgen und mit dem Lügen aufhören, oder er würde ausgestoßen werden.

Die Lügen der Welt sind überall. In jedem Winkel. Die Menschen tun so, als wären sie rechtschaffen und ehrlich, als läge ihnen Ihr Wohlergehen am Herzen, dabei legen sie Sie jede Minute des Tages herein. Die Menschen sagen, sie liebten Sie, aber wenn sie das aus einer Emotion heraus oder vom Verstand her sagen, dann lügen sie. Liebe, die vom Verstand kommt, ist meistens nur eine Höflichkeit, so als würde man »Guten Morgen« sagen. Wenn Sie genau hinhören, werden Sie merken, ob die Liebe eines Menschen von seinem Verstand kommt und nicht von seinen Gefühlen. Sie werden feststellen, daß die Stimme dieser Person hohl klingt, denn ein vom Verstand geprägtes »Ich liebe dich« klingt blechern. Liebe, die auf Emotionen zurückgeht, ist auch nicht viel erstrebenswerter, da ihr ein Bedürfnis zugrunde liegt, das förmlich schreit: »Ich liebe dich, aber du mußt mich auch lieben! Ich bin unsicher – verlaß mich nicht!« Nur die bedingungslose Liebe, die aus Ihren subtilen Gefühlen heraus entsteht, ist echt.

Wo sind Sie? Sie befinden sich im Mittelpunkt eines subtilen Gefühls. Lassen Sie den freien Willen los, er ist ein Alptraum und äußerst ungenau – verlassen Sie sich statt dessen auf Ihre subtilen Gefühle, sie irren sich nie. Hören Sie auf, zu raten, wie das Ergebnis aussehen wird, versetzen Sie sich in das Gefühl des Ergebnisses hinein, und Sie wissen es.

Wo sind Himmel und Hölle? Sie haben es erraten. Sie sind genau hier, in Ihrem Inneren, in meinem Inneren, in jedem Molekül der Realität. Sie sind beide im Hologramm, Ihrem Hologramm und meinem. Gott ist sowohl Himmel als auch Hölle, ebenso wie der Teufel – sie befinden sich alle im selben Hologramm. Wenn Sie den Teufel und die dunkle Seite lieben können und keine Angst davor haben, dann sind Sie frei. Das heißt nicht, daß Sie das Böse gutheißen sollen, es bedeutet nur, daß Sie in Ihrem Inneren nach dem Bösen suchen, sich selbst vergeben und sich bessern sollen. Und Sie sollen das Böse der anderen akzeptieren und sie für ihre Schwächen und Fehler lieben. Es gibt kein Gut und kein Böse, alles ist eins. Sie bestimmen die Qualität dessen, was Sie sehen wollen, oder besser gesagt, Ihre Emotionen und Ihre Einstellung tun das. Was also ist die Hölle? Die Hölle ist eine Emotion. Sie ist der Ort, an dem die meisten der feisten Aufseher dieser Welt enden werden. Ihr hinterhältiges und unmenschliches Verhalten bringt sie in eine Welt von Aufsehern, nur daß sie in diesem Fall diejenigen sind, die kontrolliert werden.

Wenn Sie eine Person fest am Handgelenk halten, dann meinen Sie, diese Person zu kontrollieren, und wenn diese Person selbst nicht weiß, was sie tut, dann tun Sie das auch. Wenn Sie aber einen Meister der Kampfkunst am Handgelenk festhalten, dann wird er sehr bald Sie umherführen, und zwar indem er Sie mitschleppt, weil Sie ihn festhalten. Ob er sich gegen Sie wehren kann, hängt davon ab, wie stark Sie ihn festhalten – ihn zu kontrollieren meinen. Je fester Sie ihn halten, desto lebensgefährlicher wird er, weil er Ihren Griff dazu verwendet, Ihnen den Arm zu brechen und Sie in eine ungünstige Lage zu bringen, in der alles passieren kann.

Die Hölle ist Festhalten. Der Himmel ist Loslassen; Liebe ist Loslassen. Loszulassen kann beängstigend sein. Der Verstand ist üblicherweise nicht bereit loszulassen. Aber das liegt in der Natur der Kontrolle. Sie strebt nach absoluter Macht. Macht ist immer ein Kontrolltrip. Aber die Kontrolle kontrolliert nur den Kontrolleur.

Vielleicht sind Sie Vorsitzender einer großen Firma, in der Ihr Ego in der Illusion, wichtig zu sein, richtig aufblühen kann. Doch genaugenommen haben Sie gar kein Leben. Denn die Firma, Ihre Angestellten und Ihre Kunden kontrollieren Sie. Sie sitzen in einem angenehmen Gefängnis, wenn das Unternehmen Gewinn macht, und in einem beängstigenden Gefängnis, wenn es Verluste schreibt. Das eine wie das andere ist Freiheitsentzug. Wenn Ihr Geist feststellt, daß er sich in einem Gefängnis befindet, wird er nach einem Ausweg suchen. Er wird eine Möglichkeit finden, die Firma in den Bankrott zu treiben, oder er verursacht einen Zwischenfall oder eine Krankheit, irgend etwas, um zu entkommen. Ihr Unternehmen wird endlosen Problemen gegenüberstehen, vor allem, wenn es schon lange besteht. Ein Unternehmen funktioniert üblicherweise nur, solange es neu und kreativ ist, aber sobald die eintönige Routine einsetzt, finden die Mitarbeiter, die Eigentümer und alle anderen eine Möglichkeit, es zu ruinieren oder zu verändern.

Kontrolle ist dämonisch. Zu versuchen, einen anderen Menschen zu kontrollieren, ist die Hölle – für den anderen genauso wie für Sie selbst. Häusliche Gewalt hat fast immer mit Kontrolle zu tun. Er schlägt sie, weil er frustriert darüber ist, wie sie ihn zu kontrollieren versucht oder weil sie sich seinem faschistoiden Kontrolltrip nicht unterwirft. Oder sie schlägt ihn aus denselben Gründen – zwei Nazikontrolleure tragen einen Revierstreit darum aus, wer das Gefängnis leitet.

Was ist Eifersucht? Es ist die Reaktion des Verstandes auf einen tatsächlichen oder einen vermeintlichen Kontrollverlust. Wenn Sie nicht kontrollieren müssen, dann können Sie nicht eifersüchtig sein, nicht wahr? Eifersucht ist eine faschistische Emotion. Im Reich der subtilen Gefühle jedoch lieben Sie Ihren Partner bedingungslos. Sie werden nicht versuchen, ihn zu besitzen, und er wird nicht versuchen, Sie zu besitzen. Sie werden ihn in allem unterstützen, was für sein Leben gut ist, selbst wenn das bedeutet, daß er auszieht. Scheidungen sind das Ergebnis ungelöster Kontrolltrips. Jeder heuert einen guten Lügner an, Sie betreten ein Gericht, das Interesse vortäuscht, und nach und nach findet man eine Lösung für diesen Kontrolltrip.

Was ist romantische Liebe? Sie ist ein Drogentrip. Wenn Sie jemanden finden, der Ihnen gefällt, werden in Ihrem Blutkreislauf Endorphine freigesetzt. Sie sind leicht berauscht oder, in schweren Fällen, sogar ziemlich verblödet. Dasselbe passiert Ihrem Auserwählten, wenn er auch in Sie verliebt ist. Nach ein paar Monaten allerdings ist der Reiz des Neuen vorbei, und entweder trennen Sie sich, oder Sie versuchen, den Rauschzustand beizubehalten, indem Sie einen formellen oder informellen Ehevertrag schließen.

Was ist die Ehe? Sie ist ein Kontrolltrip. Sie ist ein Vertrag, der die Wirkung und die Versorgung mit Drogen – Gehirndrogen – formell besiegelt. Warum ist Untreue üblicherweise schmerzlich? Wegen des Kontrollverlustes und des Verlustes einer vermeintlichen Unsterblichkeit. Sie fühlt sich für denjenigen, der das Opfer der Untreue ist, wie der Tod an. Sie macht ihn für gewöhnlich wütend. Er betrachtet sie als etwas Lebensbedrohliches. Sie löst auch Gefühle des Verlassenwerdens (Angst) aus. Wenn Sie jemanden bedingungslos lieben, dann gibt es keine Treue oder Untreue mehr. Wenn der Partner Sie wegen jemand anderem verläßt, dann lassen Sie ihn gehen. Verlangen Sie nur, richtig informiert zu werden, damit Sie Ihre Entscheidungen aufgrund der Wahrheit und nicht aufgrund von Lügen treffen können.

Was ist Sex? Sex ist sowohl eines unserer größten Vergnügen als auch eine unserer größten Qualen. Sex kann schmerzhaft sein. Er erfordert, daß Sie loslassen und Nähe zulassen. Die Frau ist verletzt, wenn der Mann für seine eigene Befriedigung sorgt und dann geht, ohne sich um ihre Emotionen zu kümmern. Der Mann ist verletzt, wenn sie plötzlich nein sagt und er sich zurückgewiesen fühlt. Er kann auch verletzt sein, wenn er nicht sonderlich gut beim Sex ist – er schämt sich. Sex ist in unserer modernen Welt zu einem Geschäft geworden. Er ist der Kleber, der die meisten Liebesbeziehungen und Ehen zusammenhält. Als Kleber wird er Teil des finanziellen oder emotionalen Abkommens, das erfordert, daß Sie Ihre Seele verkaufen.

Wenn Sie eine Partnerschaft eingehen können, in der Sie Ihren Partner als ewig sehen, und wenn Sie loslassen können und nicht zum Opfer der Geschehnisse werden oder sich allein durch Ihren Wunsch nach einer Partnerschaft zum Opfer machen, dann ist es eine wunderbare Sache. Wenn Sex dazu eingesetzt wird, um ein klaffendes Loch in Ihrer Partnerschaft zu füllen, dann ist er sinnlos. Sex ist eine Möglichkeit, sich selbst lieben zu lernen. Durch ihn können Sie lernen, sich selbst wertvoll und schön zu finden.

Die meisten Männer wissen nichts über Sex oder darüber, wie sie die Ejakulation steuern können. Frauen sind in dieser Hinsicht immer begünstigt. Die meisten Männer wissen nichts über Frauen, und sie wissen nicht, wie sie in ihrer Sprache mit einer Frau kommunizieren können. Dadurch wird die Welt für viele Frauen zu einem einsamen Ort. Umgekehrt sollten die Frauen damit aufhören, sich nur der Sicherheit wegen auf Männer einzulassen und sie dazu zu mißbrauchen, eine Leere in ihnen zu füllen. Kein Mann kann das; er ist kein psychisches Füllmittel. Statt dessen sollte die Frau die Leere in sich selbst füllen und versuchen, in ihre göttliche Energie einzutauchen, und erst dann zu ihrem Partner, egal ob Mann oder Frau, zurückkehren, wenn sie dieses Problem gelöst hat. Wenn sie das nicht tut, kann Sex zu Bitterkeit, Wut,

Scham, Schuld, Groll und Verwirrung führen. Es kann auch sein, daß sie ihr sexuelles Verlangen ganz leugnet. Nur Sex, verbunden mit bedingungsloser Liebe, ergibt auf lange Sicht einen Sinn. Der meiste andere Sex ist Teil einer subtilen Geschäftsvereinbarung oder eines Kontrolltrips.

Wir versuchen, Kontrolle auszuüben und so die Illusion der Unsterblichkeit zu erschaffen – außerdem vermittelt uns Kontrolle ein falsches Gefühl von Sicherheit. Wenn wir andere kontrollieren, glauben wir, über ihnen zu stehen. Wir distanzieren uns damit auch psychisch von ihnen. Wir gehen gefühlsmäßig auf Abstand zu anderen Menschen, um uns selbst wichtig zu fühlen und um ihrem Schicksal zu entgehen. Dem Schicksal, zu sterben. Mit Hilfe von Kontrolle versuchen wir, diesem Schicksal zu entgehen. Wir hoffen, dadurch sicherer zu sein, aber in Wirklichkeit sind wir weniger sicher, weil wir weniger spontan und weniger im Fluß sind.

**KONTROLLE KONTROLLIERT VON NATUR AUS
– SOWOHL DEN KONTROLLIERENDEN
ALS AUCH JENE,
DIE KONTROLLIERT WERDEN.**

Die falschen Götter der Unsterblichkeit

Eine der größten Lügen auf dieser Welt ist die über die falschen Götter der Unsterblichkeit. Das heißt nicht, daß wir nicht ewig leben, es heißt nur, daß unser menschlicher Körper sterben wird. Wir streben nach Unsterblichkeit, indem wir uns von den Normalsterblichen absetzen. Bedeutend zu sein stellt uns über andere; bei Ruhm passiert dasselbe. Ruhm braucht Beobachter. Wie ich schon in anderen Büchern ausführlich erläutert habe, versucht das Ego, durch Beobachter stofflicher und damit lebendiger, weniger ätherisch zu sein. Ein Partikel wird nur zum festen Teilchen, wenn es beobachtet wird; ohne Beobachter existiert es als Welle, ist gleichzeitig überall und nirgends.

Ruhm ist ein falscher Gott der Unsterblichkeit, ebenso die Eitelkeit. Es gibt Hunderte von falschen Göttern: Arroganz, das Klassensystem, Snobismus, um nur ein paar der gängigsten zu nennen. Das Konzept der Monarchie mit einem Auserwählten, einem gottgleichen Wesen, das zufällig durch seine Geburt oder durch Erhebung in den Adelsstand Macht über das gewöhnliche Volk erhält, ist ein falscher Gott. Niemand steht über Ihnen, und Sie sollten nicht über oder unter anderen stehen. ›Gott schütze unsere gnädige Königin‹ ist ein Gebet an einen falschen Gott der erhofften Unsterblichkeit. Die Königswürde per Geburt wird verschwinden; Despoten bleiben uns noch eine Weile erhalten – bis irgendwann unweigerlich die ›Dawn Trader‹ auftaucht.

Wenn man versucht, ein Bedürfnis materiell zu befriedigen, dann handelt es sich nicht um die Anbetung eines falschen Gottes der Unsterblichkeit, sondern einfach um die Befriedigung eines Bedürfnisses. Will man dabei jedoch Beobachter haben, indem man beispielsweise mit einem auffallenden Sportwagen herumkurvt, dann betet man zu einem falschen Gott. Arroganz ist ein weiteres Mittel, mit dem sich das Ego selbst zum falschen Gott erhebt. Demut ist der wahre Gott. Gesund zu leben ist vielleicht etwas, was Sie tun, weil es

Ihnen Spaß macht. Wenn Sie jedoch eine bestimmte Lebensweise übernehmen, um unsterblich zu werden, dann wird sie zu einem falschen Gott. Wenn Sie joggen, weil es Ihnen gefällt, Ihre Knie zu Schrott zu laufen, dann tun Sie es. Wenn Sie joggen, um für immer und ewig zu leben, dann aufgepaßt: Es hat Jim Fix, den Jogging-Guru, schließlich umgebracht.

Was sagt Ihnen das? Meinen Sie wirklich, Sie können Ihr Leben auch nur um zehn Sekunden verlängern? Wissen Sie etwas über das Wesen der Zeit? Auf der männlichen Zeitlinie haben Sie einen freien Willen, und Sie können alles verändern – oder zumindest bilden Sie sich das ein. Aber es gibt noch zwei weitere Zeitlinien. Eine ist ewig, und eine ist weiblich. Auf der weiblichen Zeitlinie können Sie überhaupt nichts verändern, weil sie in der Zeit zurückführt. Dort ist also bereits alles passiert. Glauben Sie wirklich, daß Ihr Leben von der Geburt zum Tod verläuft? Willkommen in der Spiegelwelt. Willkommen in einer falschen Unsterblichkeit.

Wenn Sie zum Vegetarier werden, weil Ihnen vegetarische Nahrung mehr Energie gibt oder weil Sie Tiere so sehr lieben, daß Sie sie nicht essen wollen, ist das in Ordnung. Wenn Sie Vegetarier sind, weil Sie sich dadurch heilig und besonders fühlen, dann lassen Sie es schnell wieder bleiben. Nur wenige wissen, daß grüner Salat hoch toxisch ist, ebenso wie Kohl – vor allem in roher Form. Salat ist die ›Dawn Trader‹, die in Form eines fast geschmacklosen grünen Gemüses auftaucht. Halten Sie sich von Salat fern, es sei denn, Sie mögen ihn gekocht.

Wie sieht es mit spirituellen Praktiken aus? Die spirituelle Technik, sich still hinzusetzen, innere Einkehr zu halten und Gott aus ganzem Herzen mitzuteilen, daß Sie ihn lieben und unendlich dankbar sind, hier auf der Erde zu sein, ist keine Anbetung eines falschen Gottes. Damit streben Sie nicht nach Unsterblichkeit, nach Status oder danach, etwas Besonderes zu sein. Spirituelle Praktiken, die Sie nach Status streben lassen, locken Sie jedoch in eine Falle. Häufig machen sie Sie sogar krank, ganz abgesehen davon, daß sie Ihnen die Existenz dessen einreden, was fälschlicherweise als das Leben nach dem Tod bezeichnet wird. Damit begeben Sie sich in die Gesellschaft von Menschen, die nach Unsterblichkeit streben, dabei aber nur ziellos umhertreiben und nicht wirklich verstehen, wo sie sind oder was sie tun.

Eine Kirche, die das Leben zelebriert, die Menschen informiert und sie ungehindert ziehen läßt, führt sie nicht zu einem falschen Gott. Doch alles, was sich zwischen Sie und Gott stellt, ist ein falscher Gott. Sobald Ihnen irgend jemand Unsterblichkeit verspricht, wird er zu einem falschen Gott. Keiner kann Ihnen Unsterblichkeit versprechen oder sie Ihnen gewähren, denn Sie sind bereits unsterblich, ganz egal, was Sie in diesem Leben tun. Jeder, der Ihnen mittels spiritueller Praktiken die Unsterblichkeit verkauft, ist ein Agent der Sphäre – ohne Ausnahme. Die Kirchen geben vor, Sie zu Gott zu führen. Doch die Jahrhunderte verstreichen, und viele bemerken gar nicht, daß sie ihr Versprechen nicht erfüllt haben. Wenn Ihnen aber irgend jemand erzählt, er führe Sie zu Gott, und er bringt Sie tatsächlich hin, und Sie sehen Gott, spüren seine Präsenz, dann ist es in Ordnung.

Wie sieht es mit der Verehrung des Gurus aus, des Heiligen, des aufgestiegenen Meisters? Haha! Jeder, der sich selbst als etwas Heiliges oder Besonderes darstellt, ist mit dem Gesicht voraus in die Sphäre gefallen – platsch! Gibt es irgendwelche

Ausnahmen? Nein, keine. Setzen die Herrschaften dann auch noch ihre vorgetäuschte Heiligkeit dazu ein, Sie aus Gründen von Status, Geld oder Macht in eine Falle zu locken, dann wird es nachgerade dämonisch. Alle heiligen Männer sind dämonisch – abgesehen von den wenigen, denen nicht bewußt ist, daß sie heilig sind.

Wonach Sie suchen sollten, ist ein abgestiegener Meister. Einer, der weiß, daß er oder sie nichts ist. Einer, der wahrhaft selbstlos ist und nicht nur vorgibt, selbstlos zu sein. Einer, der Sie genug liebt, um Sie zurück zum Nichts zu führen. Ich habe einen Freund, der ein Heiliger ist, aber er weiß nicht, daß er einer ist. Und wenn Sie ihm sagen würden, daß er ein Heiliger sei, würde er abwinken und Ihnen empfehlen, doch nicht so dummes Zeug daherzureden.

Wie sieht es mit spirituellen Lehrern aus? Ein Lehrer, der Ihnen die richtigen Dinge beibringt und dann verschwindet, sobald er fertig ist, ist wahrscheinlich kein falscher Gott. Wenn er Ihnen dadurch, daß Sie Mitglied seiner Organisation werden, einen Sonderstatus verspricht oder Sie mit Hilfe von Angst manipuliert, so daß Sie einen Kurs nach dem anderen besuchen, dann wird er zu einem falschen Gott. Wenn er es Ihnen schwermacht, von ihm loszukommen, dann muß er aufgrund seines Kontrolltrips ein Teufel sein; er muß einen verborgenen Plan verfolgen, bei dem es um Geld oder Macht geht.

Wie sieht es mit jenen aus, die Unsterblichkeit anbieten – Rebirther, Yogaanhänger und ähnliches? Yoga bringt Sie um, wenn Sie es damit übertreiben – jedenfalls hat es bei den Indern auch noch nie funktioniert. Schauen Sie sie einmal genauer an, wenn Sie sich trauen. Haben Sie jemals einen Menschen getroffen, der regelmäßig Yoga macht und nicht schwach und gequält wirkte, nicht vor Schmerzen vor Ihren Augen zu sterben drohte?

Wie sieht es mit dem Tantra aus? Wenn Sie gerne Sex haben oder die Gesellschaft anderer Menschen genießen, dann ist Tantra einfach nur organisiertes, enthusiastisches Vögeln, das wahrscheinlich ganz nett sein kann. Es gibt zumindest eine Menge Inder, also fördert es wohl die Fortpflanzung. Doch wenn Tantra Teil Ihres Plans der Unsterblichkeit ist, dann versuchen Sie es lieber mit Enthaltsamkeit, das wird besser funktionieren.

Wie sieht es mit den Organisationen aus, die Ihnen weismachen wollen, Sie sollten jeden Tag stundenlang meditieren? Kompletter Mist, den man Ihnen da verkaufen will. Gibt es eine bessere Methode, Menschen zu kontrollieren, als sie dazu zu zwingen, auf dem Boden zu sitzen, und ihnen dafür Gott und das Nirwana zu versprechen? Können sie Gott und das Nirwana liefern? Oder tun sie nur so? Wenn Sie das Nirwana nicht erreichen, sagt man Ihnen, Sie müssen noch etwas länger sitzen bleiben. Man redet Ihnen ein, sitzen sei heilig und etwas Besonderes und nicht sitzen sei alles andere als heilig. Und die komischen Klamotten, die Sie tragen müssen – das spricht Sie an, weil es Ihnen ein Gefühl der Zugehörigkeit und den Eindruck vermittelt, etwas Besonderes zu sein. Wenn Sie gern meditieren, so wie ich, dann tun Sie es jeweils für kurze Zeit und nicht in Gesellschaft anderer, nicht als Teil einer besonderen Gruppe und nicht in seltsamer Kleidung. Wenn Sie sich durch das Meditieren heilig und als etwas Besonderes fühlen, dann hören Sie sofort damit auf, bis Sie wieder auf den Teppich gekommen sind.

Wie sieht es mit Vereinen, elitären Zirkeln, vornehmen Country

Clubs und so weiter aus? Wenn Sie den Club mögen, in dem Sie sind, okay, wenn Sie den elitären Status mögen, den Ihnen Ihre Mitgliedschaft vermittelt, dann werfen Sie alles hin – und nichts wie weg! Dasselbe gilt für vornehme Hotels. Wenn es Ihnen reines Vergnügen bereitet, dort abzusteigen, dann ist das kein Problem; wenn Sie nur dorthin gehen, um gesehen zu werden, dann aufgepaßt.

Wie steht es mit Vorschriften? Vorschriften, die eine Ordnung per Konsens herstellen, sind Verwaltung. Wenn wir also beispielsweise zustimmen, bei Rot anzuhalten und bei Grün zu fahren, dann wird daraus die Verwaltung des Verkehrsstroms, die den Verkehrsteilnehmern per Konsens hilft, auf sichere und geordnete Weise voranzukommen. Vorschriften, die uns ohne Konsens auferlegt werden, sind Kontrollmechanismen. Häufig geht es dabei um einen verborgenen Plan, der einige wenige begünstigt und alle anderen benachteiligt oder ausnutzt. Mittels Vorschriften sagt Ihnen Ihr Regierungsvertreter, daß er Sie nicht liebt, während er zugleich vorgibt, Ihre Interessen zu vertreten und sich etwas aus Ihnen zu machen. Ist je ein Politiker an die Macht gekommen und hat genau das System, das ihm seine Bedeutung, seinen Status und seine Macht gewährt, aufgelöst? Heben die Herrschenden jemals Gesetze auf? Ja, das tun sie, aber nur um sie durch andere zu ersetzen. Keine Steuer wurde je wirklich abgeschafft, höchstens umbenannt. In Großbritannien tauchte beispielsweise die verhaßte Poll Tax [Kopfsteuer] als Council Tax [Grundsteuer] wieder auf. Klingeling!

Wie sieht es mit Polizei und Militär aus? Wenn die Polizei per Konsens verordnete Vorschriften durchsetzt, wird sie Teil der Verwaltung, sozusagen zum Hüter der öffentlichen Ordnung.

Damit hilft sie der Gesellschaft. Wenn sie den Willen der politischen Elite durchsetzt, dann wird sie Teil des Verbrechens – willkommen bei der Gestapo. Wenn das Militär eine Nation verteidigt, weil es darum gebeten wurde, dann ist das ein großes Opfer und eine Gefälligkeit. Eine andere Nation anzugreifen oder unter seine Kontrolle zu bringen ist Dienst am Teufel.

Wo ist Gott?

Gott ist weder oben noch unten, noch auf einem Altar zu finden. Gott ist überall. Ist Gott außerhalb von Ihnen? Nein, das ist er nicht. Sie sind Gott – na ja, zumindest ein Teil von ihm. Sie könnten also genausogut zu sich selbst beten: »Ich, der ich bin im Himmel, geheiligt werde mein Name.« Oder Sie können sich an die fehlerhafte Version halten:

»Vater unser« – Gott ist nicht männlich – »... der du bist im Himmel ...« – geographisch nicht korrekt: Gott ist nicht im Himmel; Er bzw. Es ist überall, so wie Sie – »... geheiligt werde dein Name ...« – macht Gott zu etwas Besonderem (und damit zu einem falschen Gott) – »... dein Reich komme ...« – das Wort ›komme‹ deutet an, es sei noch nicht da; das ist falsch – »... dein Wille geschehe ...« – Kontrolle, Kontrolle – »... wie im Himmel so auf Erden ...« – besagt, daß Himmel und Erde getrennt sind, und begründet das Recht, die Menschen in den Himmel zu führen. Übersetzt bedeutet das: Folgt meinen Regeln, meiner Kontrolle, und ihr kommt in den Himmel, einen Ort, der sich woanders befindet als ihr jetzt und an den ihr nicht so leicht gelangt – »... Gib uns unser täglich Brot ...« –

Wie bitte? Gott, der Bäcker? Was soll denn dieser Quatsch? Hefe ist ein Kontrolltrip; sie ernährt sich von dir, während du glaubst, du ernährst dich von ihr. Wer braucht eine tägliche Dosis Hefe von Gott? Vergessen Sie das Brot, und was soll das: »... und vergib uns unsere Schuld ...« – Gott kann Ihnen Ihre Schuld nicht vergeben. Er darf es nicht. Denken Sie daran, Gott kann die dunkle Seite nicht verfolgen, Gott ist die dunkle Seite. Gott ist Ihre Schuld und auch die Sünden aller anderen. Der einzige, der Ihnen Ihre Schuld vergeben kann, ist _____? (Bitte tragen Sie das Offensichtliche ein.)

Der einzige Teil des Vaterunsers, der nicht extrem ungenau ist und darauf abzielt, Sie in die Irre zu leiten oder in die Falle zu locken, ist der, den die Anglikaner am Ende hinzugefügt haben: »Denn dein ist das Reich ...« – okay, sagen wir lieber, die Schöpfung ist das Reich – »... die Macht ...« – Gott übt keine Macht aus, aber da Gott alles ist, könnte man sagen, Gott ist mächtig. (Würden Sie Gott fragen: »Bist du mächtig?«, würde er grinsen und nicht antworten.) – »... in Ewigkeit, amen.« – Der Teil mit dem ›in Ewigkeit‹ scheint richtig zu sein, obwohl bisher keiner bis dorthin vorgedrungen ist und mit Sicherheit herausfinden konnte, ob Gott noch dort ist. Vielleicht springt Gott kurz vor dem Ende ab und landet ganz woanders, jenseits der Ewigkeit. Ich weiß nicht genau, was amen bedeuten soll und woher es stammt; muß wohl ein Fremdwort für ›Ich habe genug von diesem Mist gehört, also wenden wir uns etwas anderem zu‹ sein.

Laufen Sie los in die Freiheit

Zunächst einmal ist es gar nicht möglich, in die Freiheit zu laufen, solange Sie die Sphäre nicht als das erkennen, was sie ist. Alles auf einmal zu verstehen ist eine beängstigende Sache. Alle Informationen, die verbreitet werden, sind Lügen, oder man serviert eine völlig entstellte Wahrheit. Der Rest wird mit dem Deckmäntelchen der Vernunft versehen (mach keinen Aufstand) oder durch Pseudotoleranz aufgeweicht (ah, aber was ist mit diesem, und was ist mit jenem?).

All das ist Teil des Stacheldrahtes. Wir lieben Einschränkungen. Sie geben uns das Gefühl, unser Leben unter Kontrolle zu haben. Für den Verstand ist es unerläßlich, das Gefühl zu haben, daß er das Sagen hat – armer Kerl. Freiheit hingegen ist die unendliche Weite, das ›Alles ist möglich‹. Die meisten wünschen sich jedoch kein Leben, in dem alles möglich ist. Sie wollen mit Sicherheit wissen, wo sie in ein paar Monaten sein und was sie dann tun werden.

Als ich das erste Mal wahre Freiheit erlebte, fand ich sie erschreckend. Ich war ungefähr 30 Jahre alt, als ich eines Tages in Trance fiel, den Boden unter den Füßen verlor und in der Ewigkeit schwebte; unter mir lag nur eine unendliche Tiefe. Ich kam drüber hinweg.

Überlegen Sie, wie Sie in die Freiheit laufen wollen. Wir werden später noch ein wenig über diesen Lauf reden, aber im Augenblick bezweifle ich, daß Sie das verstehen könnten –

außer auf äußerst oberflächliche, intellektuelle Weise. Denken Sie daran: Mit Ihrem Verstand können Sie es nicht wirklich begreifen. Der Ausgang ist dem Verstand für immer verborgen, und zwar mit voller Absicht. Klingeling!

Als erstes sollte ich Ihnen wohl sagen, was Ihnen im Weg steht, denn eine scheinbar höhere Macht patrouilliert an den Gefängnistoren. Vergessen Sie die menschlichen Wachen in Form von guten Sitten, Vorschriften und Verpflichtungen, den Lagerkommandanten oder Ihren freien Willen – jenseits davon gibt es etwas wirklich Unheimliches. Wollen Sie mit mir kommen, um nachzusehen? Wie Cypher im Film *Matrix* sagt: »Das bedeutet, daß du dich lieber anschnallen solltest. Hier wird‹s nämlich gleich ziemlich ungemütlich werden.«

FORTSETZUNG FOLGT ...*

---

*siehe Kapitel 14

Felder über Felder –
der Mechanismus der Kontrolle

Was ich im ersten Teil dieses Buches geschrieben habe, mag Ihnen etwas brutal und direkt vorgekommen sein, aber Sie müssen mir verzeihen. Ich gratuliere Ihnen, daß Sie es bis hierher geschafft haben, ohne übertrieben darauf zu reagieren. Ich habe nur versucht, jene loszuwerden, die all diese Dinge nicht zu wissen brauchen. Die meisten Exemplare dieses Buches liegen mittlerweile wahrscheinlich im Müll oder wurden an Leute geschickt, die die ›verschreckten‹ Leser nicht mögen. »Lies das, es wird dein Leben verändern«, steht im Begleitbrief. Ha!

Für die meisten Leute ist es am besten, wenn sie bequem in ihrem Wissen verharren und an das glauben, was sie glauben möchten. Jeder hat so seine eigenen Möglichkeiten, und ich habe nie jemanden dazu überredet, einen bestimmten Weg einzuschlagen. Alles, was ich je getan habe, ist, über das zu reden, was ich über die ätherische Welt weiß oder was ich auf meinen Reisen in transdimensionale Welten entdeckt habe. Ich habe mein Wissen nie zu etwas gemacht, was exklusiv, geheim oder schwer zu finden ist. Niemand mußte vor den Toren des Tempels zehn Jahre lang ausharren. Jeder, der bereit dazu war, durfte hereinkommen und einen Blick auf das Büffet werfen; jeder wählte aus dem Angebot sowenig oder soviel aus, wie er wollte.

Im folgenden erläutere ich die Konzepte, die ich schon weiter vorn in diesem Buch erwähnt habe, etwas ausführlicher und setze sie ins richtige Licht. Ich werde mich hier und da wiederholen, um Ihnen zu zeigen, wie sich ein Konzept in das Gesamtsystem der Kontrolle einfügt. Verzeihen Sie mir also, wenn ich etwas mehrfach aufnehme. Wenn Sie sich ein Konzept von allen Seiten, von links und rechts, von oben und unten, anschauen, dann sehen Sie, wie alles zusammenpaßt, wie bei einem Puzzle. Legen Sie dann von Zeit zu Zeit das Buch weg, beruhigen Sie Ihren Geist, und werden Sie still. Wenn Sie keine Angst mehr haben, wird der Plan zu Ihnen sprechen. Was er sagt, ist wunderbar. Aber er verlangt immer von Ihnen, daß Sie loslassen. Sie können Ihren Verstand, Ihre Lebensgeschichte, Ihre Identität nicht mitnehmen. (Tut mir leid, tut mir leid, liebe mich, liebe mich.)

Wenn Sie glauben, daß dieses Leben irgend etwas mit Ihnen zu tun hat, dann sind Sie vereinnahmt von Wichtigtuerei, Ihrem Ego und Konzepten, die man Ihnen eingetrichtert hat, um Sie in die Falle zu locken. Sie verstehen vielleicht noch nicht, daß dieses Leben nichts mit Ihnen zu tun hat, aber Sie haben in all den Jahren vielleicht eine vage Ahnung gehabt – eventuell hat der Geist in stillen Augenblicken zu Ihnen gesprochen. Jener Teil des Verstandes, der glaubt, er bestimme Ihr Leben, fällt einer Täuschung zum Opfer. Ja, der Verstand gibt vor, Ihr Leben zu bestimmen, aber das ist alles Teil des Betrugs. Er kontrolliert gar nichts, obwohl er das Gegenteil behaupten wird. Ihr Leben hat nichts mit Ihnen oder Ihrem Verstand zu tun (selbst wenn Sie glauben, es wäre so); es ist Teil von etwas, was viel größer und wunderbarer ist. Sobald Sie sich selbst aufgeben können, werden Sie es verstehen.

Die Geschichte über Stuie und den Teufel war Teil des Prozesses, in dem ich mich selbst aufgegeben habe. Die Wiederauferstehung ist viel großartiger, als Sie sich das je vorstellen können. Sobald Sie nicht mehr Sie selbst sein müssen – was eine Weile dauern kann – und sich selbst aufgeben können, werden Sie alles. Selbst ein flüchtiger Blick darauf, was es heißt, alles zu sein, wird Sie über alle Maßen beglücken. Wenn es Sie langweilt, ›Sie‹ zu sein, dann sind Sie bereit. Aber vielleicht müssen Sie auch noch etwas länger Sie selbst sein, wer weiß das schon? Sie wissen es.

Als ich mich auf die Suche nach der Herrin vom See begab, hatte ich von Stuie Wildes Possen gründlich die Nase voll, so amüsant sie zum Teil auch waren. Ich liebte ihn für all den Unsinn, den er machte, mir lag etwas an seiner Seele, und ich erkannte seinen Wert – er war schon in Ordnung. Ich erkannte aber auch, daß es für ihn nichts mehr zu entdecken gab, ohne daß er immer und immer wieder die ewig alten Sachen durchkauen müßte. Ich erkannte auch, daß Stuie bereit für den Sprung war, denn ich hatte in ein paar gefährlichen Situationen beobachtet, wie er sich ein paar sehr beängstigende Dinge anschaute und einfach nicht nachgeben wollte.

»Gut gemacht«, sage ich.

Stuie lacht und erwidert: »Schwein gehabt.«

Dann eines Tages sagte ich: »Wende dich der Stille zu, Bruder.«

Das tat er, und She-She-La-La kam zu ihm. Er war bereit, obwohl er dachte, er wäre es nicht. Sein Verstand hielt ihn noch fest. Vielleicht wartet Ihre Version von She-She-La-La darauf, in Ihrem Leben aufzutauchen. Gehen Sie mit ihr, wenn sie kommt. Sie kennt die Zukunft – Ihre, unsere.

DAS EIGENTLICHE BUCH BEGINNT HIER:

Es werden Gesetze verabschiedet, die das Handeln der Menschen in jeder Minute kontrollieren und bestimmen – Hunderttausende von Gesetzen, immer mehr, um schließlich die absolute Kontrolle zu erreichen. Wer verfaßt diese Gesetze? Warum glaubt irgend jemand, daß man sie braucht?

Nichts scheint sich jemals in die richtige Richtung zu entwickeln. Die Menschen befinden sich in einem Würgegriff, wie in einem Schraubstock, der jede Sekunde fester zugedreht wird. Wie schon gesagt, keine Regierung hebt jemals ein Gesetz wirklich auf. Wir alle wissen, daß etwas nicht stimmt. Wir sehen soziale Ungerechtigkeiten und fragen uns, warum das System nicht gerecht ist. Wir kommen nicht dahinter, was genau es ist, das nicht so recht zusammenpaßt, aber wir wissen, daß etwas nicht in Ordnung ist. Im Film *Matrix* bezeichnet Morpheus diese nagende Unruhe als »Splitter in deinem Kopf«. Die Feldtheorie, die ich aufstellen werde, offenbart, daß man sich oben und hier auf dem Boden von uns ernährt. Ich werde aufzeigen, worum es sich bei diesem unterschwelligen Unbehagen wirklich handelt und wie Sie Ihr Leben gestalten können, damit Sie entkommen können.

Zunächst einmal: Die Steuerlast ist eklatant ungerecht verteilt. Sie nimmt die arbeitende Bevölkerung gnadenlos aus und zwingt sie zu unnötiger Aktivität. Steuern sind natürlich eine freiwillige Sache. Sie könnten zu einem Dauerreisenden werden, der nirgends einen festen Wohnsitz hat, dann sind Sie per Gesetz auch nicht steuerpflichtig. Der Rest der Menschen ist zu einem Leben in Ketten und der damit verbundenen Aktivität verdammt.

Ich will gleich erklären, warum Aktivität ein Kontrollmechanismus ist: Es gibt immer mehr Bürokratie und Vorschriften, so daß wir jetzt einen bedeutenden Teil unserer Freizeit damit verbringen, Verwaltungsarbeiten durchzuführen und Vorschriften zu befolgen. Diesen Zeit- und Geldaufwand – Kosten für Buchhaltung, Steuerberater, Büromaterial, Postgebühren und so weiter – bekommen wir nicht ersetzt. Das alles schlägt sich als zusätzliche verborgene Steuer im Portemonnaie jedes einzelnen nieder.

Wie ist es dazu gekommen? Wie wird diese Situation gegen den Wunsch der Wähler aufrechterhalten? Wer sollte theoretisch imstande sein, auf einer Gesetzgebung zu beharren, die dieses Problem beseitigt? Wer sind die Menschen, die kontinuierlich im Hintergrund daran arbeiten, ihre Mitbürger zu entmachten? Wie lautet ihr Plan? Warum tun sie das?

Nachfolgend schildere ich, wie der Kontrollmechanismus zustande gekommen ist, und im Rahmen meiner Erläuterungen werde ich meine bizarren und seltsamen Erfahrungen mit anderen Welten beschreiben, die mich zu den zum Teil seltsamen Schlußfolgerungen meiner Feldtheorie gebracht haben. Wie jede Theorie ist sie nicht vollständig und kann noch verbessert werden, aber aus heutiger Sicht ist sie mehr oder weniger vollständig.

Während wir diese Theorie durchgehen, werden Sie sehen, wie alles ›zusammenpaßt‹, genau wie die perfekt konstruierten Zahnräder eines Uhrwerks. Ich fand das eigenartig, manchmal fast unheimlich. Ich brauchte lange, um das zu akzeptieren. Als ich zu diesen Schlußfolgerungen geführt wurde, suchte ich nach einem vernünftigen und logischen Ausweg – einer reizvolleren Theorie, aber ich fand keine. Was ich Ihnen darlege ist also zumindest überlegenswert, so schwer es manchem auch fallen mag, es zu akzeptieren. (Den ätherischen Teil dieser Überlegungen habe ich übrigens nach und nach an einem anderen Ort erhalten, nicht von irgend jemandem auf dieser Welt.)

Im 15. und 16. Jahrhundert sprachen okkulte Schriften von Feldern, unsichtbaren Einflußsphären, die die Erde und die Menschheit umgeben (die Sphäre). Ein Gemälde aus jener Zeit zeigt einen Eingeweihten, der die irdische Ebene verläßt und in eine andere Welt aufbricht. Auf dem Bild gibt es Zickzacklinien, wie wir sie heutzutage mit Gehirnwellen und Elektrizität in Verbindung bringen. Woher man das damals wußte, ist ein Rätsel. Der große österreichische Metaphysiker Rudolf Steiner, der in den zwanziger und dreißiger Jahren des 20. Jahrhunderts auf diesem Gebiet führend war, sprach ebenfalls vom Einfluß der Sphäre, die die Menschheit umgibt. Er sprach von der Sphäre, bevor man genau über elektromagnetische Felder Bescheid wußte, und auf jeden Fall, bevor die Quantentheorie ausgearbeitet wurde.

Mit Mitte 30, Anfang 40, nach vielen Jahren der Meditation und der Trance auslösenden Übungen, begann ich, das zu sehen, was man früher die menschliche Aura nannte und was man jetzt üblicherweise als feinstofflichen oder ätherischen Körper bezeichnet. Als ich beobachtete, wie das ätherische Feld aufflackert, sich pulsierend und mit großer Geschwindigkeit um einen Menschen herum bewegt, gewöhnte ich mich allmählich an die Vorstellung, daß feinstoffliche Felder existieren. Ich entdeckte, daß sich alle menschlichen Gedanken, Emotionen und Gefühle, unsere gesamte Evolution, innerhalb dieses ätherischen Feldes befinden. Echte Gefühle sind äthe-

risch und keine binären Signale der körperlichen Sinneswahrnehmungen.

Kehren wir einen Augenblick lang zum Film *Matrix* zurück.
Darin spricht Morpheus von Feldern, endlosen Feldern, die,
wie er sagt, absolute Kontrolle über die Menschheit ausüben,
weil sie uns in eine ›Scheinwelt‹ versetzen, die von den Feldern (der Sphäre) selbst erschaffen wird. Die Menschen haben
die schreckliche Realität vergessen, in der eine höhere Macht
ihr Leben kontrolliert. Ihnen ist nicht bewußt, daß sie eine
vom Computer erzeugte Simulation aufrechterhalten, die für
sie das alltägliche Leben darstellt. Was ich daran so faszinierend fand, ist, daß unsere Realität, auch wenn sie nicht vom
Computer erzeugt wird, in Wirklichkeit sehr ähnlich aussieht.
Wir befinden uns in einem elektronischen Gefängnis, einem
elektromagnetischen Feld, das von einer teuflischen Macht
kontrolliert wird. Im Film *Matrix* wird die vom Computer erzeugte Realität von namenlosen KI-Kontrolleuren (KI = Künst-
liche Intelligenz) mit übermenschlichen Kräften aufrechterhalten. Diese Felder und das Leben auf der Erde dienen dazu, die
Bedürfnisse der höheren Wesen zu erfüllen. Im Film werden
die Menschen wegen ihrer Körperwärme als BTUs gezüchtet
(BTU = British Thermal Units; Anm. d. Übers.: Einheit der
Energie, die benötigt wird, um ein britisches Pfund [= 454 g]
Wasser von 63° auf 64° Fahrenheit zu erwärmen). Die Wärme
und Vitalität der Menschen sorgt für den Bestand der Felder
und verleiht den KI-Kontrolleuren Macht. Die Menschen werden wie Früchte gezüchtet, damit sie die Felder aufrechterhalten, ohne daß sie auch nur Verdacht schöpfen.

Im September 2000 lernte ich einen Wissenschaftler kennen,
der viel weiß und der auch über die endlosen Felder sprach.

Er sagte, daß sie im Laufe vieler Jahre aus den menschlichen Emotionen und Gedankenmustern entstanden seien, daß die Felder aber auch ihre eigene Identität, ihre eigene Evolution hätten. Er sagte weiter, daß die Felder sich von den Menschen ernährten. Dadurch versuchten die Felder, eine falsche Unsterblichkeit zu erlangen. Er sagte, die wahre Natur der Felder liege darin, zu kontrollieren, und zwar so, wie ein Magnet Eisenspäne kontrolliert, indem er sie in regelmäßigen Mustern anordnet.

Die Felder sind immer stärker geworden, weil die Weltbevölkerung seit dem Zweiten Weltkrieg drastisch zugenommen hat, die Energie der Menschen angestiegen ist und sich ihre Aktivität erhöht hat. In dem Maß, in dem unser Bewußtsein, unsere Individualität und unsere Mobilität zugenommen haben, ist auch die Stärke der kontrollierenden Felder gewachsen. Innerhalb der Felder gibt es Wesen, die sich darin entwickelt haben. Ob diese Wesenheiten aus dem Inneren der Felder stammen oder transdimensionale Wesen aus einer anderen Dimension sind, die es zum Feld zieht, weil es ihnen Nahrung bietet, wissen wir noch nicht.

Die Vorstellung, daß ein Wesen innerhalb eines Feldes geboren wird, ist uns natürlich nicht fremd. Unser menschlicher Körper ist ein elektromagnetisches Feld, so wie die gesamte irdische Ebene, und wir werden hier geboren. Die Vorstellung, daß es vielleicht andere Felder und andere Wesen gibt, ist zwar für manche Menschen abwegig, für andere aber ziemlich selbstverständlich. Mikroben sind beispielsweise Organismen, die für das menschliche Auge unsichtbar sind und uns Zehntausende von Jahren verborgen blieben, bis wir Mikroskope erfanden, die stark genug sind, um sie sichtbar zu machen. Sie sind Organismen, die sich im Verborgenen entwickelt haben. Vergessen Sie nicht: Die Zellen Ihres Körpers sind nur zu etwa 10 Prozent menschlich, die übrigen 90 Prozent sind Mikroben, die auf und in Ihrem Körper leben und diesen als ihren Heimatplaneten betrachten, auf die gleiche Weise, wie wir die Erde als unser Zuhause betrachten. Ebenso wie Mikroben nicht menschlich sind, so müssen auch die Wesen, die innerhalb des ätherischen Feldes der Erde leben, nicht menschlich sein, sie leben einfach dort und stellen intelligentes Verhalten zur Schau.

Jose Escamilla, ein amerikanische Forscher hispanischer Herkunft, hat ein ätherisches Wesen fotografiert, eine Lebensform, die er Flying Rods, fliegende Schnüre, nennt. Die Rods sind zwischen ein paar Zentimetern und mehreren Metern lang. Sie haben so etwas wie Flossen, die entlang ihres ätherischen Körpers oszillieren. Die Rods fliegen mit hoher Geschwindigkeit durch die Luft, kommen aber auch im Wasser vor. Wahrscheinlich waren sie schon immer da und sind einfach eine weitere Spezies, die unsichtbar war – bis Videokameras erfunden wurden, mit denen man 30 Bilder pro Sekunde aufnehmen kann. Das menschliche Auge kann Dinge, die sich in einer dreißigstel Sekunde abspielen, nicht wahrnehmen, eine Kamera schon. Escamilla entdeckte die Flying Rods zufällig, als er seine Videokamera eines Tages unabsichtlich eingeschaltet ließ. Beim Bearbeiten seines Films bemerkte er, wie seltsame fliegende, längliche Objekte ins Bild schossen, sich drehten und wieder verschwanden; und das alles spielte sich innerhalb weniger Einzelbilder ab. Seither hat er Hunderte von Flying Rods gefilmt. In einem Clip, den ich gesehen habe, unterhalten sich zwei Leute, als ein Rod ungefähr in Hüfthöhe auftaucht, sie umschwirrt und dann wieder verschwindet.

Was sind Flying Rods? Keiner weiß das, am wenigsten Escamilla. Aber sie sind Teil der vielen Felder. Sie werden auf irgendeine Weise geboren, entwickeln sich und wachsen. Sie sind eindeutig intelligent, denn ihre Bewegungen in der Luft sind nicht willkürlich. Sie manövrieren intelligent, ändern die Richtung, um festen Objekten auszuweichen, und so weiter. Wenn sie zufällig auf etwas Festes treffen, verschwinden sie mit einem kurzen Aufflackern, wie eine Miniexplosion.

Die Menschen sind weniger eine physische Lebensform (unser Körper ist nur ein Mechanismus, der Sinneswahrnehmungen sammelt) als vielmehr eine ätherische. Wir wissen noch nicht, ob es andere menschenähnliche Lebensformen in unserer Galaxie oder überhaupt im Universum gibt. Doch wir wissen, daß es andere ätherische Lebensformen gibt. Darauf möchte ich jetzt näher eingehen, ich möchte meine Erfahrungen mit ihnen schildern und erklären, wie sie meiner Meinung nach mit den Feldern der Kontrolle verbunden sind.

Der Wunsch nach Kontrolle ist von seinem Wesen her ein Wunsch nach Unsterblichkeit. Wie ich in meinem Buch *Wind des Wandels* dargelegt habe, ist das Ego süchtig nach Kontrolle. Wenn man danach strebt, zu herrschen, dann strebt man in Wirklichkeit danach, eine gottähnliche Macht über andere auszuüben. Ein Despot eines Entwicklungslandes, der einige hinrichten läßt und anderen Macht gibt, ernennt sich selbst zum Gott über sein Volk. Gottähnlich zu sein gewährt dem Ego die Illusion, daß es anders ist und dem menschlichen Schicksal, nämlich zu sterben, entgehen kann. All jene, die versuchen, andere zu kontrollieren und zu beherrschen, tun dies, weil sie sich dem Tod entziehen wollen. Was sie vermeiden wollen, ist vielleicht nicht der tatsächliche Tod, sondern nur das Sterben einer Vorstellung: der Status quo, ein Job, eine Sonderstellung oder ein Privileg, das diese Menschen genießen. Sie versuchen, sowohl dem Verlust einer geliebten Vorstellung als auch dem physischen Tod auszuweichen.

Die Unsterblichkeit ist natürlich ein falscher Gott des Ego, das versucht, für immer jung, kräftig und mächtig zu bleiben. Es krümmt und windet sich, um dem Zweiten Gesetz der Thermodynamik zu entgehen, nach dem alles im Universum verfallen und abkühlen muß – ein Wärmetod, dessen Temperatur bei $-273°$ C (absoluter Nullpunkt) liegt. Die Ewigkeit ist warm, aber das ist ein Phänomen des Geistes, nicht der physischen Ebene. In seiner elementarsten Form stellt die Wärme der Ewigkeit einen Teil unserer Sehnsucht nach Gott dar – den Wunsch des Geistes, in die Ewigkeit, zu unserem wahren gottähnlichen Wesen zurückzukehren, das sich warm anfühlt. Unsere Welt ist im Vergleich zur Welt des Geistes kalt. Die Menschen sind kalt, unheimlich kalt. Ich habe mich oft gefragt, wie man sie retten soll. Theoretisch könnte ein starker Mensch sie erlösen, aber praktisch ist das eher unwahrscheinlich. Es macht mich traurig. Viele sind so tief gefallen, daß es für sie kein Entkommen gibt. Es gab keinen, der sich genug aus ihnen machte, aber auf gewisse Weise war es ihre eigene Schuld. Sie hatten so wenig Güte in sich, keine wahre Güte, nur falsches, höfliches Getue. Ja, ja, der ›nette Mensch‹ – verpassen Sie dem kleinen Mistkerl einen Fußtritt, wenn es keiner sieht.

Es wundert niemanden von uns wirklich, daß wir Menschen

vom Weg abgekommen sind, denn unser Planet strotzt nur so vor falschen Propheten und unechten Göttern der Sehnsucht, wie der Sehnsucht des Ego nach Unsterblichkeit. Schauen Sie sich nur einmal an, wie die Amerikaner vor dem Altar der Langlebigkeit, der kosmetischen Chirurgie, dem Facelifting, dem Joggen (das einen trotzdem umbringt), dieser Marotte und jener Diät ihre Andacht verrichten. Dann ist da noch die amerikanische Besessenheit, jedermanns Gewohnheiten streng zu kontrollieren: kein Rauchen, kein Trinken, kein Sex, keine Drogen, kein unerlaubtes Überqueren der Straße, kein Dies und kein Das. Hier haben Sie ein Kondom; stülpen Sie es sich über Ihr Gehirn, damit Sie nicht mit unerlaubten Ideen geschwängert werden. Die Amerikaner sind wirklich seltsam; sie geben sich der Illusion hin, so wichtig zu sein, daß die Welt ohne sie nicht zurechtkäme. Das bringt mich manchmal zum Lachen. Es ist geradezu mitleiderregend, zu denken, daß sie wichtig sind. Es ist noch erbärmlicher, es auch noch zu sagen. Wie die Tussi im Shampoo-Werbespot, die ihre Lockenmähne schüttelt: ‚Schauen Sie mich an, schauen Sie mich an, ich bin so schön.‘ Der Spot endet damit, daß sie sagt: »Weil ich es mir wert bin.« Peinlich, peinlich – armes Mädchen. Halten Sie sich von diesem Shampoo fern, für den Fall, daß es durch Ihren Schädel in Ihr Gehirn sickert und Sie genauso egozentrisch und hirnlos macht wie sie. Vergessen Sie nicht, daß Sie, wenn Sie meinen, diese Reise habe irgend etwas mit Ihnen zu tun, den Faden völlig verloren haben.

Der Metaphysiker, Autor und spirituelle Lehrer Rudolf Steiner, der in den zwanziger Jahren des 20. Jahrhunderts weithin bekannt war, identifizierte sechs dunkle Mächte auf der Welt, drei davon nannte er luziferische Mächte und drei ahrimanische Mächte. Ahriman ist das zoroastrische* Wort für negative oder dunkle Macht. Steiner sagte, die ahrimanischen Mächte seien körperliche Mächte der Kontrolle, die praktisch Tag für Tag auf der Erde Macht ausübten; die Mächte Luzifers seien jene, die versuchten, die Spiritualität des Menschen und seine Beziehung zu Gott zu kontrollieren.

Als eine der ahrimanischen Mächte wurden die Medien identifiziert, die danach trachten, die Gedanken zu kontrollieren und zu überwachen, so daß die alternative Stimme der Menschheit zum Schweigen gebracht wird. Die zweite ahrimanische Macht ist das Drucken des Geldes und seine Kontrolle sowie die Schaffung von Schulden. Durch sie kann ein Staat versklavt werden, wodurch wiederum die Arbeitskräfte versklavt werden, die unnötige Steuern zahlen, um damit die Zinsen für das falsche Papiergeld zu tilgen, das es vorher gar nicht gab und einfach nur frisch gedruckt wurde. Papier, das gestern noch wertlos war, wird den Bürgern heute als Schuldenlast aufgebürdet – falsche Schulden, für die man Zinsen an jene zahlen muß, die vorgeben, die Wirtschaft im Namen des Volkes zu managen. Diese falschen Schulden zwingen die Arbeitskräfte zu zusätzlicher, unnötiger Aktivität, damit sie die fälligen Zinsen zahlen können. Sie werden in die Falle gelockt und nähren die Felder. Die dritte ahrimanische Macht ist die Herstellung und der Verkauf von Waffen. Das heißt, man verkauft Angst, damit die Hersteller reicher werden. Das Volk wird mit Angst und der finanziellen Last, diese Waffen zu bezahlen, versklavt. Die furchtbare Ironie daran ist, daß Waffen gewöhnliche, arbeitende Menschen töten – jene, die zu

---

* Zoroastrismus: monotheistische Religion mit stark polarisierter Weltsicht – Anm. d. Vlgs.

Unrecht für ihre Kosten aufgekommen sind. Bomben, Raketen und Patronen töten selten jene, die ihre Herstellung in Auftrag gegeben haben.

Seit Steiners Zeit ist eine weitere Macht der Dunkelheit entstanden, die einen Teilbereich der Informationskontrolle über die Medien darstellt – das Sammeln und die Kontrolle von Informationen per Computer. Seit der Einführung der Computer und des elektronischen Zeitalters werden die Menschen ständig überprüft und überwacht. Jene, denen es Freude bereitet, uns zu beobachten, sind rundum begeistert von der Vorstellung, uns bespitzeln zu können, und sie tun alles, was notwendig ist, um diese Systeme aufrechtzuerhalten.

Jede Institution, die versucht, die Bürger unnötig zu kontrollieren, ist von Natur aus eine Erweiterung der Felder und eine ahrimanische Macht. Ihr Handeln mag zwar nach den Gesetzen eines Landes legal sein, aber nach Gottes Gesetz ist es illegal. Nicht, daß Gott Gesetze aufstellt; ich will damit nur sagen, daß manche Handlungen frei machen, während andere einschränken.

Steiner identifizierte als die luziferischen Mächte jene, die versuchen, die menschliche Spiritualität zu unterbinden oder zu kontrollieren. Jede Institution oder Einzelperson, die sich als Vermittler zwischen Ihnen und Gott ausgibt, ist von Natur aus eine luziferische oder teuflische Macht. Der Sektenguru, der sich selbst als Abgesandter Gottes ausgibt, oder eine Kirche wie die katholische, die sich zwischen ihre Gemeindemitglieder und Gott stellt, ist in Wirklichkeit eine kontrollierende Macht. Im Falle der katholischen Kirche ist die Angst vor Verdammnis und Vergeltung die Triebfeder für die von ihr ausgeübte Kontrolle. Genaugenommen ist jede Religion, die nicht für die Individualität und Freiheit des Menschen eintritt, zwangsläufig ein Teil der kontrollierenden Felder. Seltsamerweise trifft auch auf die Tibeter und die dunkle Natur ihrer Lehren über die Toten und das Bardo* sowie auf die Buddhisten, die von der Leugnung des Selbst besessen sind (was antispirituell ist), die Definition einer luziferischen Macht zu. Interessant ist, daß Hitler von den Tibetern regelrecht besessen war. Er schickte immer wieder Nazidelegationen nach Tibet, um Kontakte zu knüpfen und mehr über die tibetischen Lehren zu erfahren. Hitlers Spiritualität und Tibet haben daher etwas gemeinsam. Ich weiß, Tibet ist gerade sehr angesagt, aber das ist alles nur Propaganda; in Tibet gibt es etwas sehr Dunkles, das auf den ersten Blick nicht zu erkennen ist. Auf elitäres spirituelles Denken, die Verehrung des Auserwählten (die Verehrung der göttlichen Persönlichkeit), den aufgestiegenen Meister, den spirituellen Führer, der zwischen Ihnen und Gott steht, und auf jeden, der sich als gottähnliches Wesen aufspielt, trifft die Definition einer teuflischen luziferischen Macht zu. Steiner hätte wahrscheinlich fast alle Hindugurus als teuflisch bezeichnet. Der Guru, der sich von seinen Schülern verehren läßt, läßt letzten Endes nur seine eigene Seele verkommen und taucht immer tiefer in den Kontrollmechanismus der Felder ein. Auf lange Sicht bringt die Verehrung des Gurus dem Schüler auf seiner spirituellen Reise nicht viel, außer daß es ihn für eine Zeitlang von der Last befreit, selbst denken zu müssen.

Als jemand, der selbst über Metaphysik und spirituelle Ideen schreibt und referiert, habe ich mich oft gefragt, wie es mög-

---

* Zwischenzustand mit drei Ebenen, der beim Sterben durchlaufen wird – Anm. d. Vlgs.

lich ist, daß moderne Lehrer wie die Hindus – die sich dem Kastensystem, dem Snobismus, der Kontrolle und der Verblendung verschrieben haben – so erfolgreich sein können. Wie ist es möglich, daß die modernen Gurus und Autoren, deren größtes Interesse Macht, Geld, Ruhm und Kontrolle gilt, solch einen geradezu magischen Erfolg haben. Und das trotz ihrer verwässerten, häufig ungenauen oder falschen Botschaften und ihres eklatant ruchlosen Verhaltens. Mir scheint, je schlechter oder böser ein Guru oder Lehrer ist, desto mehr Kontrolle und finanziellen Gewinn erzielt er.

Ich bin einer Menge spiritueller Autoren und Lehrer begegnet und habe nach und nach herausgefunden, daß sich hinter einer vorgetäuschten Liebenswürdigkeit oft eine verborgene Dunkelheit oder ein ausgesprochen mieser Charakter verstekken. Doch einer nach dem anderen erwarben diese Adepten auf magische Weise einen gottähnlichen Status. Ich habe mit angesehen, wie dieser bunte Haufen von Pädophilen, Geizhälsen, Machthungrigen, Drogenabhängigen, Finanzmanipulatoren und Sexsüchtigen, die über Familiensinn schwafeln, vorgibt, durch und durch sauber zu sein. Ich habe beobachtet, wie sie die Schwachen und Bedürftigen in ihren Bann gezogen haben. Und ich habe mich gefragt, wie sie bloß damit durchkommen. Außerdem konnte ich nicht verstehen, wie sie es, wo sie doch ihre dunkle Seite nur gerade so verbergen können, schaffen, bereitwillig zu akzeptieren, daß ihre Anhänger in ihnen so etwas wie eine lebende Gottheit sehen.

Nachdem ich viel über die dunkle Seite ihres Lebens erfahren hatte, fragte ich mich, warum sie nie entlarvt werden. Wer oder was schützt sie? Noch viel mehr habe ich mich allerdings gefragt, wie es möglich ist, daß ihre niederschmetternde Mittelmäßigkeit von so vielen bewundert wird. Wie haben sie über Nacht, auf beinahe magische Weise, so etwas wie einen Superstar-Status erlangt? Warum werden sie von den Medien so geschätzt? Mit Sicherheit kann doch jeder Narr erkennen, daß der Guru nur hinter Status und Geld her ist – man muß kein Hellseher sein, um das herauszufinden.

Die Antwort liegt in den Feldern über den Feldern. Jedes Feld hat eine eigene Identität, so wie Ihr Körper eine Identität hat. Sinn jedes Feldes ist es, zu kontrollieren, so wie es Sinn und Aufgabe Ihres Körpers ist, seine lebenserhaltenden Funktionen zu steuern. Es kümmert ihn nicht, wie viele Mikroben, Viren oder Zellen er tötet oder abwehrt oder wie viele Kalorien er zu sich nimmt; er kümmert sich nur darum, sich selbst am Leben zu erhalten. Das Feld um unseren Planeten funktioniert genauso. Es hält sich selbst nicht für schlecht. Es kontrolliert, weil das seine Bestimmung ist. Die Kontrolle verleiht ihm Sicherheit und die Illusion, unsterblich zu sein. Wenn ein Teil davon versucht, sich selbständig zu machen und sein ›eigenes Ding‹ durchzuziehen, wird es automatisch vernichtet, weil es die Daseinsberechtigung des Feldes bedroht.

Jedes Feld übt einen maßgeblichen Einfluß auf gewöhnliche Menschen aus. Jedem, der auch nur ein bißchen unsicher ist und deshalb andere manipulieren und kontrollieren muß, oder jedem, der auch nur leicht faschistische Tendenzen an den Tag legt, verleiht das Feld Macht. Jenen, die nach Macht, Status und Elitedasein streben, und jenen, die versuchen, andere zu manipulieren, wird automatisch von einer scheinbar unsichtbaren Kraft Macht verliehen. Das ist der Grund für die Magie, von der die Mittelmäßigkeit oft umgeben ist. Jene, die mit dem Wesen des Feldes übereinstimmen, werden auf magische Weise an die Spitze des von ihnen auserwählten Feldes aufsteigen, egal, ob Guru oder Filmemacher.

Wenn Sie sich nicht über andere stellen wollen oder wenn Sie nicht versuchen, sich von anderen Menschen zu ernähren oder sie zu kontrollieren, und wenn Ruhm, Bewunderung, Macht und Geld nicht Ihr Ding sind, dann sind Ihre Karrierechancen ziemlich begrenzt. Denken Sie daran: Das Feld fördert nur jene, die mit der Macht kongruent sind; alle anderen werden am Boden zertrampelt oder an den Rand gedrängt. Das erklärt vielleicht, warum sich Ihnen nie die Chancen boten, auf die Sie gehofft hatten. Es erklärt vielleicht auch, warum völlig inkompetente Menschen aufgestiegen sind und Macht über Sie ausüben. Die Diskriminierung des Feldes ist gnadenlos. Es schafft sich selbst keine Herausforderung. Außerdem verfügt es auf dem Boden über Mächte in Kontrollpositionen, die seine Bedürfnisse genau widerspiegeln.

Die etablierten Medien beispielsweise, die endlos von der Pressefreiheit schwafeln, würden so etwas nie zulassen. Sie können sagen, was Sie wollen, solange Sie mit dem Status quo übereinstimmen. Schreiben Sie einen Artikel, in dem steht, daß das Drucken von Geld die Menschen versklavt, daß Steuern reiner Diebstahl sind und daß Geschäftsmonopole abgeschafft werden sollten, dann schicken Sie ihn mal an die *Herald Tribune,* und schauen Sie, wie weit Sie damit kommen. Wenn im Fernsehen über Politik diskutiert wird, dann bekommen die Regierungsexperten den Hauptteil der Sendezeit und die Opposition den Rest. Versuchen Sie Ihr Glück, wenn Ihr Standpunkt lautet, daß die Sozialisten und Konservativen, Republikaner und Demokraten alle gleich korrupt sind; daß der Bevölkerung eigentlich am meisten damit gedient wäre, wenn man die politischen Parteien abschaffte. Sagen Sie dann noch, daß Sie der Meinung sind, man sollte das Erkaufen einer gewünschten Gesetzgebung mit Hilfe von Spenden für ungesetzlich erklären, und schauen Sie, ob Sie damit jemals in eine etablierte Fernsehsendung kommen. Ich glaube nicht.

Die Felder sind unheimlich, aber die Vertreter des Feldes auf dem Boden sind noch unheimlicher. Wir sehen, daß sie an der Macht sind, uns täglich beherrschen. Sie werden uns jeden Tag als die logischen, vernünftigen Experten verkauft – deren Urteil nicht in Frage gestellt werden sollte. Diejenigen, die uns beherrschen, haben ein Grinsen aufgesetzt, tragen Nadelstreifenanzüge und stellen ein falsches, vernünftiges Getue zur Schau. Der Gesundheitsminister beteuert, daß der Rinderwahn für den Menschen keine Gefahr darstellt. Der Universitätsprofessor behauptet steif und fest, daß die Überflutungen der letzten Woche auf die globale Erwärmung zurückzuführen sind. Der Volkswirt erzählt uns, daß die Einführung des Euros eine ganz tolle Sache ist. Die Tatsache, daß die Preise seit Einführung der neuen Währung in unerschwingliche Höhen gestiegen sind, wird im Lichte der wunderbaren Einförmigkeit ignoriert.

Die Sphäre (das Feld) braucht Konformität, damit sie sich von der Menschheit ernähren und dafür sorgen kann, daß bestimmte Menschen an der Macht bleiben, vor allem solche, die extreme Macht und Kontrolle über uns ausüben. Also steigt eine unbedeutende Figur wie Adolf Hitler praktisch aus dem Nichts auf und herrscht über Festlandeuropa. Man könnte behaupten, das war nur ein Zufall, aber rückblickend ist erkennbar, daß er nicht aufgrund seines Charismas oder seines Talents an die Macht kam, denn er war ziemlich mittelmäßig und ein ausgesprochener Langweiler, sondern aufgrund seines Wissens in bezug auf den satanischen, linken Weg und seine Fähigkeit, ›das Feld‹ anzuzapfen. Er wußte, wie man die tief im kollektiven Unterbewußtsein seines Volkes verborgenen Kräfte erreicht und anspricht. Der okkulte Hintergrund Hitlers und seine Skrupellosigkeit sorgten für die innere Hilfe, die er brauchte, um so schnell an die Spitze zu gelangen. Es gibt heutzutage wahrscheinlich an die 100.000 Mini-Hitlers, die in dem von ihnen auserwählten Feld mit genau denselben Techniken wie Adolf aufsteigen. Ich bin mir sicher, Sie haben schon ein paar davon kennengelernt; das haben wir doch alle.

In der Bibel heißt es, daß in der Endzeit falsche Propheten aufsteigen und großes Ansehen und Bewunderung genießen werden. Ich muß sagen, ich weiß nicht, was eine Endzeit ist. Es könnte einfach das Ende einer Ära bedeuten, da wir vom Fische- ins Wassermannzeitalter übergehen, oder es könnte das Ende der Welt bedeuten. Ich bezweifle allerdings, daß die Welt bald untergeht, obwohl es zu ein paar wesentlichen Veränderungen kommen könnte.

Mittlerweile stößt man überall auf das Syndrom des ›falschen Propheten‹. Da sind nicht nur die schmierigen Fernsehprediger und Quacksalber – in der alternativen Spiritualität und der New-Age-Bewegung wimmelt es nur so von zwielichtigen Charakteren. Jeder, der sich zwischen die gewöhnlichen Menschen und Gott stellt, ist unweigerlich darauf aus, zu kontrollieren. Nach Steiners Definition wäre er deshalb ein falscher Prophet.

Der falsche Prophet stellt sein Bedürfnis nach Ruhm, Geld und Macht natürlich als Teil seiner Unsterblichkeit und deshalb als heilig und gut dar. Genauso wie sich der Tyrann selbst als gütige Vaterfigur sieht und meint, der Schmerz, den er anderen zufügt, diene nur dem größeren Wohl. Die Nazis steckten die Menschen in Konzentrationslager und waren überzeugt davon, sie würden nur ›Probleme lösen‹. Der angeblich pädophile, mit Taschenspielertricks arbeitende Schwindler Sai Baba, den die Einfältigen jahrzehntelang als lebende Gottheit betrachteten, erzählte den Buben, die er sexuell mißbrauchte, er würde ihnen auf ihrem spirituellen Weg weiterhelfen, indem er ihre Kundalini-Energie wecke. Ich bin mir sicher, er glaubte, was er da sagte.

Es liegt in der Natur der falschen Propheten, ihr Handeln zu verbergen und zu leugnen, indem sie ihr bizarres Verhalten mit Platitüden erklären. Der Tyrann hat immer eine vernünftige Erklärung parat. So funktioniert die Sphäre; sie verschleiert und verbirgt die Wahrheit. Dunkel wird hell, schlecht wird gut. Der Geizhals findet sich selbst großzügig und gütig. Der Tyrann glaubt, er sei ein Wohltäter und Beschützer der Schwachen. Der Schwarzmagier meint, er diene seinen Idealen, die er für mächtig, heilig und gut hält. Es gibt keine Selbstregulation innerhalb des Feldes, weil alles von einer Patina aus Täuschungen und Lügen bedeckt ist. Der Fernsehprediger kann also endlos die kleinen Leute schröpfen, indem er die Angst als treibende Kraft nutzt und ihnen verspricht, ihre Bitten an Gott weiterzuleiten. Alles, was er dann tut, ist, ihr Geld zu zählen und sich für die nächste Fernsehsendung eine weitere subtile Manipulation auszudenken.

Bei genauer Betrachtung verfügt natürlich fast jede Organisation, egal, ob finanzieller, sozialer, politischer oder religiöser Art, über das Potential, luziferische Kontrolle auszuüben. Man muß daher zwischen akzeptabler Verwaltung der menschlichen Aktivitäten und manischer Kontrolle unterscheiden. Wie schon erwähnt, ein Eisenbahnnetz zu verwalten heißt, Fahrpläne zu erstellen und kompetentes Personal einzustellen, damit die Züge pünktlich fahren. Erst wenn es um Manipulation, Drohungen und Machtmißbrauch, Monopole, heimliche Machenschaften, Korruption, Unaufrichtigkeit und ungebührliche Beeinflussung geht, wird die Verwaltung einer Aktivität ahrimanisch oder luziferisch.

Wenn man sich einmal anschaut, wer die Medien kontrolliert, das Drucken des Geldes und die Schaffung von Schulden, wer das Monopol über Öl, Gold, Diamanten und die Finanzmärkte besitzt, wer die kontrollierenden Gesetze verfaßt und wer die Waffenproduzenten sind, dann wird es richtig unheimlich. Es handelt sich fast immer um dieselben Leute. Aber lassen wir das im Augenblick und schauen wir uns etwas noch Seltsameres an. In diesem Teil der Geschichte kommt mein persönliches Fachwissen zum Tragen, über das ich verfüge, weil ich 25 Jahre lang versucht habe, die ätherische Ebene und den Einfluß der Transdimensionalen zu verstehen.

Die Transdimensionalen sind Teil des ätherischen Feldes, das die Erde umgibt, und sie existieren innerhalb der Sphäre, so wie wir. Ihr Anliegen ist ebenfalls die Kontrolle. Sie überbringen den Menschen die Botschaften des Feldes und entwickeln als Teil des Feldes eine eigene Identität. Stellen Sie sich diese Wesen als Teil eines Puzzles vor. Sie haben eine unregelmäßige Form und passen deshalb nur an eine ganz bestimmte Stelle im gesamten Puzzle. Der verdrehte menschliche Verstand ist ebenfalls Teil des Puzzles, also hängen sie sich dort ein und üben Kontrolle aus. Sie werden Teil des menschlichen Puzzles und seiner Evolution. Außerdem sind sie Teil des gesamten Puzzles (der Sphäre) und mit jedem menschlichen Verstand, der mit ihrem Feld kongruent ist, verknüpft und kommunizieren mit ihm; dieser befindet sich wiederum in der Sphäre, so wie wir alle.

Kapitel 9

Die Transdimensionalen und das UFO-Spiel

Fangen wir ganz von vorn an: Was sind Transdimensionale? Die Antwort lautet, wir wissen es nicht genau, denn sie existieren auf der ätherischen Ebene. Diese ist nur schwer definierbar und mit dem bloßen Auge normalerweise nicht erkennbar. Eine einfache Definition wäre: Ein Transdimensionaler ist eine beliebige intelligente Lebensform, die in die terrestrische Ebene vordringt, aber nicht menschlich, tierisch oder irdisch ist. Transdimensional sind auch alle jene Lebensformen, die sich nicht hier befinden, die nicht in unsere Daseinsebene eindringen. Zu den Transdimensionalen gehören Geister, jede Art von Naturgeistern, UFOs*, die Grauen, die Nordics, die Reptilianer, Bigfoots, die Watcher, die Nefilim und die Anunnaki (falls es sie gibt), die Flying Rods und jedes andere namenlose, unbekannte Wesen, das unter uns lebt, sich aber unserer Kenntnis entzieht.

Beginnen wir mit der Geschichte von den UFOs, denn das ist der Bereich, in dem sich tagtäglich die meisten unheimlichen transdimensionalen Ereignisse abspielen. Zur ersten UFO-Welle des modernen Zeitalters kam es ungefähr im August/September 1946 in Europa. 1947 sah der Pilot eines kleinen Flugzeugs UFOs über dem Mount Rainier im Bundesstaat Washington; er war es, der den Begriff ›fliegende Untertasse‹ prägte. Sie fragen sich jetzt vielleicht, was die UFOs mit den

---

*UFO: unbekanntes Flugobjekt

Feldern und den Kontrolleuren am Boden zu tun haben, aber ich hoffe, Ihnen glaubhaft machen zu können, daß sie zwangsläufig zusammengehören.

Als erstes möchte ich hier feststellen, daß es keine Beweise dafür gibt, daß UFOs Raumschiffe von anderen Planeten, geschweige denn anderen Sternensystemen sind, und daß es nur sehr vage und fragwürdige Beweise dafür gibt, daß es sich dabei um reale, gegenständliche Raumschiffe handelt. Um der Sache auf den Grund zu gehen, muß man sich vom Informationsfluß wegbewegen, denn die UFO-Szene ist durchsetzt mit Desinformationen, ebenso wie die Erforschung der Kornkreise und andere Verschwörungstheorien.

Stellen Sie sich folgendes vor: Wenn Sie möchten, daß die Menschen an reale UFOs glauben, würde dann der vermeintliche Absturz in Roswell im Jahr 1947 die perfekte Voraussetzung dafür liefern? Sie leugnen, daß es je einen Absturz gab, und bieten ein paar geradezu lächerliche Erklärungen über Heißluftballons an, die Ihnen keiner glaubt. Wenn die Menschen der Regierung ihre Erklärung nicht abnehmen, dann müssen sie an den Absturz glauben. Nehmen Sie noch ein paar Hinterwäldler dazu, die blind schwören, ihr Großvater habe alles mit eigenen Augen gesehen, und Bingo!, Ihre Geschichte ist fertig.

Von Zeit zu Zeit müssen sie die Geschichte etwas auffrischen, also tritt Colonel Phillip Corso auf. Ein ordenbehangener Kriegsveteran, der eine tadellose Militärlaufbahn hinter sich hat, schreibt ein Buch mit dem Titel *The Day After Roswell*. Darin behauptet er, daß der Absturz im Jahr 1947 wirklich stattgefunden hat und er die Aufgabe hatte, die aus dem Raumschiff geborgene Technologie zu sammeln, was schließlich dazu führte, daß Nachtsichtgeräte, der Silikonchip und die Lichtleitertechnik erfunden wurden. Er sagt, es sei seine Aufgabe gewesen, die geborgene Technologie der amerikanischen Industrie zuzuführen, was erklärt, warum Amerika in den letzten Jahrzehnten derart gewaltige technische Fortschritte gemacht hat. Absoluter und totaler Quatsch.

Wenn man den Official Secrets Act oder irgendeine andere Geheimhaltungsvereinbarung unterzeichnet, ist das Beste, was einem passieren kann, wenn man zum Verräter wird, daß man den Rest seiner Tage im Knast verbringt. Sehr viel wahrscheinlicher ist allerdings, daß man sich die Radieschen von unten ansieht. Sicherheitsorganisationen fackeln da nicht lange herum. Mein Vater war ein hochdekorierter Offizier, der zum Nachrichtendienst abkommandiert wurde – er wäre bei dieser Geschichte vor lauter Lachen vom Sessel gefallen. Als Colonel Corso das Roswell-Buch schrieb, lebte er von einer angenehmen Pension, mit allen Vergünstigungen: Veteranenzulage, Krankenversicherung, etc. pp. Während er also in seinem gemütlichen Nest sitzt, beschließt er, das alles zu riskieren und auszupacken, seine Geheimhaltungspflicht zu verletzen, und keiner beim Militär kümmert sich im geringsten darum. Hätte Corso wirklich von sich aus gehandelt, ohne Erlaubnis von ganz oben, dann hätte man ihn, lange bevor das Buch in Druck gegangen wäre, abgeholt.

Es gibt nur zwei mögliche Erklärungen. Die erste Erklärung ist äußerst unwahrscheinlich. Sie geht davon aus, daß das, was Corso schrieb, stimmt und daß jemand vom militärischen Geheimdienst ihn darum bat, die Sache in seinem Namen klarzustellen, weil ihn plötzlich ein Drang zur Rechtschaffenheit überkam. Die zweite Erklärung ist viel wahrscheinlicher. Sie lautet, daß das, worüber Corso schrieb, die Technologie aus dem Roswell-Absturz, zur Desinformationskampagne des Militärs gehört, das uns glauben machen möchte, daß es reale UFOs gibt. Jeder, der Colonel Corso kennt, sagt, er sei ein netter Kerl. Er behauptete, er habe nie auch nur einen Cent Honorar für sein Buch bekommen, und das ist vermutlich wahr. Die Geschichte wurde ihm vorgesetzt, und er befolgte Befehle, so wie er das sein Leben lang getan hat.

Das berühmte Video von der angeblichen Autopsie eines außerirdischen Wesens, das beim Roswell-Absturz umgekommen sein soll, war ein weiterer Versuch, Desinformationen zu verbreiten, aber er schlug fehl, als sich herausstellte, daß das Video eine Fälschung war. Doch obwohl es ein Schwindel war, hat es natürlich seinen Zweck erfüllt. Vielen ist bis heute nicht bewußt, daß da ein Betrug gelaufen ist, und alles, was zur Verwirrung in bezug auf dieses Thema beiträgt, wird zu einem wertvollen Rädchen im Getriebe der Desinformation. Es hat vor kurzem ein paar klägliche Versuche gegeben, das Autopsievideo als echt wiederaufleben zu lassen. Es ist schon erstaunlich, wie dieses Spiel gespielt wird.

Vergessen Sie nicht, daß es trotz der Zehntausenden von Sichtungen, Fotos, und jetzt auch Videos, einschließlich der berühmten Videos von ganzen UFO-Flotten, die Anfang der neunziger Jahre in Mexiko aufgenommen wurden, noch nie ein Foto von einem UFO am Boden gegeben hat. Das Desinformationskomitee verbreitet Gerüchte, wonach die US Air Force solche Fotos besitze, aber es ist sehr unwahrscheinlich, daß das stimmt, und ich weiß von keinem solchen Foto, das sich in Privatbesitz befindet. Abgesehen vom Polizisten Lonnie Zamora, der angeblich in New Mexico ein UFO am Boden gesehen hat, gibt es nur wenige Berichte über derlei Sichtungen von UFOs. Was sagt uns das? Ein reales Raumschiff, das Außerirdische transportiert, muß hin und wieder landen, das ist doch der Sinn eines Raumschiffs. Die UFOs landen nicht. Außerirdische Wesen auf die Erde zu transportieren ist offenbar nicht der Zweck der UFOs.

UFOs, die von Flugzeugen gejagt oder verfolgt werden, beschleunigen oft plötzlich ganz enorm, und man hört immer wieder, daß sie bei hoher Geschwindigkeit eine 90-Grad-Wende machen. Ein Raumschiff aus fester Materie würde diese Art von Belastung nicht aushalten, und seine Insassen auch nicht, wenn sie aus Atomen und Molekülen bestünden. Bei einer mit mehreren tausend Stundenkilometern durchgeführten 90-Grad-Wende wäre die Schwerkraft so stark, daß sie sofort getötet würden.

Die Machthaber möchten, daß wir an reale, gegenständliche UFOs und ebensolche Insassen glauben, die uns keinen Schaden zufügen wollen. Ich bin mir fast zu 100 Prozent sicher, daß UFOs zum Teil, wenn nicht sogar zur Gänze, ein ätherisches Phänomen sind. Es wäre möglich, daß UFOs bei niedriger Geschwindigkeit oder niedriger Temperatur vom ätherischen in einen halbfesten oder sogar festen Zustand übergehen. Aber ich bezweifle es. Bei niedriger Geschwindigkeit mag ein UFO zwar fest aussehen, aber das heißt nicht, daß es das auch ist. Ich glaube vielmehr, daß UFOs, ebenso wie ihre verschiedenen Insassen – die Grauen, die Reptilianer, die Nordics, die fliegenden Kugeln, die von Mutterschiffen austreten, die farbigen Lichter usw. – Lebewesen sind, die ihre Form verändern.

Zahlreiche Wissenschaftler haben festgestellt, daß sich die

Form der UFOs ständig an die gerade maßgebliche Technologie anpaßt. Ende des 19. und Anfang des 20. Jahrhunderts sahen UFOs wie Heißluftballons aus. Während des Krieges tauchten sie als Phantomflieger auf, Foo Fighter genannt. Nach dem Krieg, nachdem die Briten die Angriffe der V2-Raketen erlebt hatten, begannen UFOs wie fliegende Raketen auszusehen. Es gab eine ganze Flut von raketenförmigen UFOs, die über Skandinavien, vor allem in Schweden, gesichtet wurden, wo zahlreiche dieser raketenartigen UFOs in Seen eintauchten. Interessanterweise war Schweden während des Kriegs neutral. Diese Show mit den falschen Raketen wurde also nur für sie abgezogen, denn sie hatten die deutschen V2-Raketen im Krieg nicht kennengelernt.

Man darf nicht vergessen, daß die Nazis während des Kriegs im geheimen ein untertassenförmiges Fluggerät namens Vril entwickelt hatten. Die ersten untertassenförmigen UFOs, die man 1947 sah, hatten sich also in ihrer Form an die aktuelle Technologie angepaßt. Es gibt sogar neuere Fotos von modernen UFOs mit aufgemalten Hakenkreuzen, was ich sehr interessant finde.

Nachdem die Amerikaner 1969 auf dem Mond gelandet waren, und im Anschluß an die Apollo-Flüge in den siebziger Jahren haben wir uns daran gewöhnt, im Fernsehen Astronauten zu sehen, die auf dem Mond herumspazieren und Gesteinsproben sammeln. Es folgten ein paar seltene, angebliche Sichtungen von UFOs auf dem Boden, wobei die Insassen neben dem Raumschiff standen und ebenfalls Gesteinsproben studierten. Wie üblich gibt es keine Fotos davon. Die berühmtesten dieser Sichtungen gehen wieder auf das Konto von Officer Zamora in New Mexico.

Im Anschluß an die Entwicklung des dreieckigen Tarnkappen-
bombers durch die Amerikaner veränderten die UFOs ihre Form
von untertassenförmig auf dreieckig. Die UFOs, die man heutzutage am häufigsten sieht, sind riesige geräuschlose fliegende Dreiecke. Sie werden heute praktisch täglich irgendwo auf
der Welt gesichtet, vorwiegend in Amerika oder Europa. Wenn
wir morgen fliegende Telefonzellen einführen, dann werden
die UFOs als riesige Telefonzellen erscheinen, die mit Lichtgeschwindigkeit herumfliegen.

Natürlich ist diese ganze UFO-Sache totaler Blödsinn, ein
Kontrollmechanismus. Daß UFOs sporadisch auftauchen, gehört mit zum Spiel. Man verleiht ihnen absichtlich etwas My-
steriöses, um in den Beobachtern den Eindruck zu erwecken,
daß zahllose reale mysteriöse ›höhere‹ Wesen von anderen
Planeten oder Sternensystemen hier sind, daß sie über eine
überlegene Technologie verfügen und theoretisch die Gesetze
der Wissenschaft sowie Raum und Zeit beherrschen. Diese
Vorstellung ist reiner Schwachsinn – Desinformation. Der le-
gendäre französische UFO-Forscher Jacques Vallée hat das
durchblickt. Er schrieb in seinem Klassiker, *Messengers of
Deception*, der inzwischen leider vergriffen ist, über die Bösartigkeit der UFOs. Jacques Vallée hat sich inzwischen von der
UFO-Forschung verabschiedet und arbeitet gegenwärtig an einer Universität in Paris. Der Film *Unheimliche Begegnung der
dritten Art* war die Hollywood-Version seines Lebens. Genaugenommen war der Film ein weiterer großer Brocken Desinformation.
Hollywood scheint die Hauptquelle für Desinformationen über
UFOs und Außerirdische zu sein. Die Schlüsselfiguren von

›Tinsel-Town‹ wissen wohl Bescheid. Offenbar paßt es ihnen in den Kram, Anweisungen zu befolgen. Es muß in ihrem Interesse sein. Spielbergs gutartiger E.T.,* der Kinder mag und nur nach Hause möchte, ist der größte Schwachsinn, der je verbreitet wurde. Er zielt darauf ab, die Menschen zu verwirren und weniger vorsichtig zu sein. Die Insassen von UFOs sind alles andere als gutmütig. Sie mögen Kinder nicht, sie entführen sie. UFOs kommen nicht von anderen Planeten, und leider wollen sie nicht nach Hause zurück. Sie bleiben hier. Und dabei erzeugen sie so viel Angst und Terror, wie sie nur können.

Die Sphäre und die darin lebenden Transdimensionalen ernähren sich von vielen Dingen, aber die drei Dinge, die ich bisher als ätherische Nahrung für das Feld identifiziert habe, sind: Angst, Lärm (die menschliche Stimme) und Aktivität. Das Ziel der UFO-Sichtungen und Entführungen ist es, die menschliche Verwirrung und Angst anzufachen, denn Angst ist Nahrung für das Feld. Sie kontrollieren die Menschen durch Angst, so wie jede gute faschistische Organisation. Jene, die darüber berichten, entführt worden zu sein, erleben anfangs extreme Furcht, aber nach und nach, wenn sie sich an die Erfahrung gewöhnen, klingt die Angst ab. Häufig zeigt man ihnen dann erschreckendes Filmmaterial über die zukünftige Zerstörung der Welt, über einen ökologischen oder nuklearen Holocaust, Springfluten, Tsunamis, Asteroiden, die auf die Erde aufschlagen, und so weiter und so fort. Das facht die Angst eine Zeitlang an, aber allmählich stumpft der Entführte auch Katastrophen gegenüber ab. Sobald der Entführte absolut keine Angst mehr vor seinen transdimensionalen Erfahrungen hat, hören

---

* E.T. = extraterrestrial (engl.), zu deutsch: Außerirdischer – Anm. d. Vlgs.

die Entführungen auf. Keine Angst, keine Nahrung für das Feld.

Wenn Sie mich noch länger ertragen können, dann verrate ich Ihnen etwas, wobei Sie sich vor lauter Sorge übergeben werden müssen (ist nur ein Scherz). Ich werde Ihnen aber auch den Fluchtweg zeigen.

Man sagt, Unwissenheit sei ein Segen. Stimmt nicht. Sie ist verdammt gefährlich. Sie kann tödlich für Ihre Seele sein. Ich kann Sie mit einem gewissen Grad an Glaubwürdigkeit zur Wahrheit führen, denn ich habe jahrelang extreme Furcht ertragen, um das Wesen der Transdimensionalen zu erforschen. Das ist keine einfache Aufgabe, denn die Transdimensionalen sind sehr geheimnistuerisch. Sie wollen nicht, daß irgend jemand weiß, was vorgeht. Ich wurde in diesem Leben mit einem guten Wahrnehmungsvermögen gesegnet, und was ich nicht mitbekommen habe, das habe ich mir selbst erarbeitet. Ich hatte auch eine Menge Hilfe – Gotteskrieger. Meine Wahrnehmungen und meine Neugier haben mich angetrieben, soviel wie möglich zu entdecken. Ich habe nicht alles in Erfahrung gebracht, weil es wahrscheinlich über mein Vorstellungsvermögen hinausgeht, und je näher ich an die Wahrheit herankam, desto gefährlicher wurde es, also liegt ein Teil der Geschichte noch immer im Verborgenen.

Was ich aber aus meiner eigenen Erfahrung heraus sagen kann, ist folgendes: Wenn es irgend etwas gibt, was Ihnen im Leben mehr hilft als alles andere, mehr als Geld, Ruhm oder etwas Besonderes zu sein, dann ist es Ihr Wahrnehmungsvermögen. Er ist zur Zeit die einzige Währung, die wir brauchen. Wenn Sie zu Ihrem Gott beten, dann beten Sie nicht um Sicherheit, beten Sie um Wahrnehmungsvermögen. Nur jene mit einem guten Wahrnehmungsvermögen werden ihr Leben in eine spirituelle Richtung mit einem guten Ende lenken, das ihnen, da bin ich mir sicher, zusteht.

Da ist noch etwas zu den Feldern zu sagen, was schwer zu verstehen ist, und vielleicht wollen Sie es gar nicht glauben. Wenn Morpheus im Film *Matrix* Neo die wahre Natur der Felder zeigt, kann Neo das nicht akzeptieren. Er flippt aus und beginnt zu schreien: »Nein! Nein!« Dann muß er sich übergeben. Unsere ganze Menschheit ist die Marionette einer transdimensionalen Kraft, die uns umgibt. Sie kontrolliert alles. Diese Kraft ist nicht gutartig.

Kapitel 10
Wie oben, so unten

Die Transdimensionalen am Himmel über uns verhalten sich ganz genauso wie die Faschisten, die am Boden operieren und von hier aus unsere Welt kontrollieren. Alle agieren auf dieselbe Weise – im Verborgenen. Die Transdimensionalen terrorisieren die Menschen, indem sie sie in der Nacht gegen ihren Willen fortholen, sie quälen, sie indoktrinieren und psychisch zu kontrollieren versuchen. Sie ernähren sich von uns, indem sie uns von oben anzapfen, und haben einen geheimen Plan, wobei ich nur mutmaßen kann, worum es dabei geht. Das Traurige ist: Die Transdimensionalen spiegeln exakt die Neofaschisten wider, die die Welt am Boden regieren. Der scheinbar gutartige Politiker, der im Nadelstreifenanzug und mit einem schmierigen Grinsen in den Abendnachrichten auftritt, verbirgt, daß er eigentlich grausame Rache an den Menschen übt. Er würde beschwören, daß seine Absichten dem Wohl aller dienen (die Ausrede des Tyrannen), und er wird bis ins Grab glauben, daß er seinen Verstand selbst beherrscht, was er aber nicht tut. Er ging schon vor Jahrzehnten in die Falle, und zwar als er zum ersten Mal von Macht und Kontrolle träumte.

Die Kontroll-Freaks werden von oben angetrieben und ernähren ihrerseits die Sphäre von unten. Sie sind das Feld, und das Feld ist sie. Das Feld findet Kongruenz in ihrem dunklen Wesen. Die Transdimensionalen nutzen diese wie eine Satellitenschüssel dazu, anderen Menschen Impulse und Ideen zu senden. Ständige, hinterhältige, häufig stille Propaganda wird uns durch Gedankenübertragung übermittelt. Wenn in Ihrem Kopf ein Gedanke oder ein Impuls auftaucht, woher wissen Sie, daß er von Ihnen stammt? Sie meinen, er kommt von Ihnen, weil Sie vielleicht noch nie eine andere Möglichkeit in Betracht gezogen haben. Genaugenommen wissen Sie es aber nicht wirklich. Wenn Ihnen beispielsweise Gedanken in Französisch kommen und Sie sprechen gar kein Französisch, würden Sie sich bald fragen, wer da spricht. Kommt Ihnen eine Idee aber in Ihrer eigenen Sprache, in Wörtern und Sätzen, die Sie normalerweise verwenden, woher wissen Sie dann, woher sie stammt? Ich habe ganz eindeutig feststellen können, daß unser Verstand fortwährend mit den Gedanken anderer bombardiert wird, vor allem mit Gedanken jener, die ähnlich denken wie wir, und jener, die uns emotional nahestehen. Außerdem empfangen wir Gedanken von den Transdimensionalen und von anderen Stellen. Wir bekommen ständig Ideen eingetrichtert, meistens dann, wenn wir besonders verletzlich sind. Der freie Wille hat einen Preis – einen hohen.

Wenn Ihnen also der Gedanke kommt, nach nebenan zu gehen und Ihre Nachbarin zu vergewaltigen, wissen Sie nicht, ob das Ihr Gedanke ist oder ob er von woanders kommt. Wenn Sie ein ehrbarer, gütiger und umgänglicher Mensch sind, dann werden Sie diesen Gedanken sofort verwerfen. Wenn Sie aber verborgene faschistoide Tendenzen haben, könnte dieser Gedanke bei Ihnen auf Resonanz stoßen, sich festsetzen, und Sie werden die Tat ausführen. Wie oft hört ein Richter einen Verbrecher sagen, daß er zu der Zeit, als er das Verbrechen beging, keine Gewalt über sich hatte, nicht weiß, wie er so handeln konnte, wie er es tat? Der Gedanke tauchte in einem Augenblick in ihrem Kopf auf, in dem Sie emotional oder ver-

letzlich waren, und das nächste, was sie taten, war, ihre Großmutter zu erstechen, ohne den Impuls zu unterdrücken.

Felder über Felder – sie sind überall um uns herum. Wir sind
wie Fische im Meer und haben keine Ahnung, was sich jenseits unseres Lebensbereiches befindet. Die Fische werden
in gewisser Weise vom Wasser und den Bedingungen, die
das Meer bietet, kontrolliert. Wenn ein Fisch sprechen könnte, würde er die großen Vorteile des Meerwassers beschreiben. Für einen Menschen aber, der die Sache aus einem anderen Blickwinkel betrachtet, ist es offensichtlich, daß das
Meer das Potential des Fisches kontrolliert und einschränkt.
Außerdem ist das Meer verdammt gefährlich für den Fisch.
Er ist sich der Gefahr gar nicht bewußt. Wenn der Fisch an
den Strand gehen und sich im Gebüsch verstecken könnte,
wäre er weit sicherer.
Wenn ein Fisch in einem Schwarm schwimmt und der
Schwarm macht eine plötzliche Linksdrehung, würde Ihnen
der sprechende Fisch erzählen, er habe diese Entscheidung
selbst getroffen. In Wirklichkeit jedoch folgt er nur dem mor-
phischen (Informations-)Feld, das vom Schwarm erzeugt wird.
Die Botschaft wurde an alle Mitglieder des Schwarms vom
Gesamtfeld (Meerwasser) weitergegeben, und alle Fische voll-
führten sofort eine Linksdrehung. Das Feld, das uns umgibt,
ist, wie Wasser, ein ausgezeichneter Energieleiter. Es bietet
praktisch keinen Widerstand, muß masselos oder beinahe
masselos sein. Deshalb kann ein UFO bei hoher Geschwindigkeit eine 90-Grad-Wende machen. Das UFO ist nicht fest und
bewegt sich innerhalb des Feldes, obwohl es für uns so aussieht, als ob es fest wäre und durch die Luft flöge. Immer,

wenn das UFO beschließt, sich hundertprozentig zum Feld zu bekennen, wird es für den Menschen unsichtbar.

Felder über Felder, sie sind überall – in der Luft, die wir atmen, im Boden unter unseren Füßen, in den Wänden unserer Wohnung, in unserem Handeln und unseren Ideen. Sie sind in unserem Blut, unserem Körper und unserem Gehirn. So wie ein blutrünstiger Hai Teil des Feldes ist, in dem er lebt, sind die UFOs Raubtiere des Feldes, in dem wir leben.

Stellen Sie sich jetzt eine friedliche Lagune vor, die zwar nah am Meer liegt, aber durch Sandbänke davon abgeschnitten ist. Es gibt dort keine Raubtiere, und die Robben und Fische, die dort leben, gedeihen prächtig und kennen keine Gefahr. Plötzlich ändert sich die Lage, weil eine gewaltige Flut die Sandbänke wegspült. Die Lagune ist jetzt mit dem offenen Meer verbunden. Auf eine gewisse Weise, die über das Vorstellungsvermögen der Lagunenbewohner hinausgeht, sendet die ehemalige Lagune, die jetzt eine schmale Bucht ist, ein neues Signal aus. Das Signal wird von den Haien draußen im Meer aufgefangen, und sie brauchen ein Jahr, bis sie die Bucht erreichen. Als sie dort ankommen, stellen sie begeistert fest, daß es in der Bucht nur so von Nahrung (Energie) wimmelt. Die gute Nachricht verbreitet sich über das morphische Feld, über das die Haie auf der inneren Ebene kommunizieren, und immer mehr Haie tauchen auf. Die Haie entdecken etwas Seltsames. Egal, wieviel Energie sie aus der Bucht aufnehmen, es gibt immer mehr und mehr Lagunenbewohner und Aktivität, und Haie werden von Blut angelockt, und davon gibt es in der Lagune eine Menge. Bei den Menschen ist die ätherische Version des Fischblutes Angst. Das UFO ernährt sich von Angst, und es tut alles, um mehr davon zu erzeugen.

Wie schon erwähnt, gab es vor dem Zweiten Weltkrieg nur wenige UFO-Sichtungen. Seit dem Krieg hat ihre Zahl deutlich zugenommen, und sie kommen schon fast täglich vor. Eine Reihe von UFO-Forschern kam mehr oder weniger gleichzeitig zum selben Schluß; sie sagten, die Explosion der ersten Atombombe war das ätherische Signal der Menschen, mit dem sie UFOs anlockten. Ich glaube, sie gelangten zu dieser Ansicht, weil die Grauen mit den hervorquellenden Augen den Menschen, die von ihnen entführt wurden, Filme über nukleare Explosionen zeigten. Die Grauen erwecken bei den Entführten den Eindruck, sie seien um die Sicherheit des Planeten Erde besorgt. Doch die Grauen betrachten die Erde als Energiequelle, die sie nutzen können. Es gibt keine Beweise dafür, daß sie es gut mit uns meinen oder ihnen die Sicherheit der Menschen am Herzen liegt, zumindest nicht mehr, als einem Jäger die Tiere im Wald am Herzen liegen. Häufig wird einem Entführten ein Filmausschnitt von einem nuklearen oder ökologischen Holocaust gezeigt und ihm gesagt, er muß den Rest der Menschheit warnen. Wie bitte? Klingeling! Klingeling! Haben Sie schon einmal davon gehört? Etwa in den gestrigen Abendnachrichten.

Schon wieder dasselbe: Gewöhnliche Menschen werden mit globalen Problemen konfrontiert, die sie nicht lösen können. Handelt es sich beim Entführten um den Generalsekretär der Vereinten Nationen, einen berühmten Fernsehsprecher, einen Politiker oder einen Angehörigen des Weißen Hauses oder des Kremls? Weit gefehlt! Der Entführte heißt Hank und arbeitet als Verkäufer im 7-Eleven-Supermarkt* in Chattanooga, Tennessee. Hank die Anweisung zu geben, ›die Welt zu retten‹

---

*amerikanische Lebensmittelladenkette – Anm. d. Vlgs.

dient dazu, sein Ego zu stärken und ihn zu verwirren. Wenn es eine wichtige Botschaft für die Menschen gäbe, dann würde man sie natürlich nicht Hank mitteilen, der zwar vielleicht wirklich nett, aber für diese Aufgabe völlig ungeeignet ist. Eine wichtige Botschaft würde man jemandem mitteilen, der etwas einflußreicher und glaubwürdiger ist, wie etwa Oprah Winfrey*, und der eventuell etwas unternehmen könnte, um die Menschen vor dem Holocaust zu warnen.

Was sagt uns das also? Es sagt uns, daß die Menschen alles glauben, was man ihnen einredet, solange es ihnen das Gefühl vermittelt, wichtig zu sein. Es sagt uns, daß der ökologische oder nukleare Holocaust nicht so bald stattfinden wird; und weder ein Grauer mit hervorquellenden Augen noch unser Freund Hank hat den Auftrag, uns frühzeitig zu warnen.

> VERZEIHUNG, MEINE HERREN,
> FÄHRT DIESER ZUG NACH CHATTANOOGA?
> BALD IST ES SOWEIT,
> ES IST HOLOCAUST-ZEIT.

… Bald ist es soweit, es ist Holocaust-Zeit … Das glaube ich nicht. Tut mir leid. Manche sagen ja, die Atombombe habe vielleicht ein neues Loch in die ätherische Hülle der Erde gerissen, so daß mehr UFOs in unsere Dimension eindringen können. Aber ich glaube nicht, daß dies wirklich das plötzliche Auftauchen der UFOs im Jahr 1946 erklärt. Vergessen wir nicht, daß die UFOs, damals Foo Fighter genannt, die Jagdgeschwader von Kriegsbeginn an verfolgten, also Jahre bevor die Bombe explodierte. Außerdem können die UFOs und ihre In-

---

*amerikanische Talkmasterin – Anm. d. Vlgs.

sassen unsere Gedanken lesen; sie hätten damit schon Jahre vor der Explosion in Hiroshima gewußt, daß die Bombe gezündet würde. – Das mag sein, wie es will, ich für meinen Teil bin mir jedenfalls sicher, daß sie mit ihrer Planung und Herstellung etwas zu tun hatten. Die Bombe wurde mit unglaublicher Geschwindigkeit von Militärwissenschaftlern zusammengebaut, die noch nicht einmal einfache Dinge wie Radar beherrschten. Wie bitte? Klingeling! Da war wohl etwas reptilianische (UFO-)Hilfe im Spiel, nicht wahr? Der Zweck der Atombombe besteht nicht darin, uns in die Luft zu jagen, sondern darin, uns in Angst zu versetzen.

Nein. Ich glaube, wir müssen die Erklärung für die Ankunft der UFOs woanders suchen. Vergessen wir nicht, daß ein UFO und seine Insassen ätherische Wesen sind, wobei letztere faschistische Tendenzen aufweisen. Der Zweite Weltkrieg erzeugte eine Menge Haß, nicht nur den gegenüber den Nazis, sondern auch unter den Alliierten, und dazu kommt noch die extreme Grausamkeit der japanischen Armee. Dann war da noch die Rache, die teils offen, teils unterschwellig geübt wurde. Die Welt wurde sechs Jahre lang von Haß und Angst überflutet. Es war der Schatten der Welt, der sich manifestierte, und seine konzentrierte Energie war es, die die UFOs herbrachte. Die Bombe mag die Aufmerksamkeit ein wenig geweckt haben, denn wenn 150.000 Menschen in Todesangst gegrillt werden, dann möchten die UFOs das beobachten und daran teilhaben. Aber sie war nicht der Grund dafür, daß sie plötzlich in solchen Mengen auftauchten. Sie kamen wegen der Nahrung. Das Gericht des Tages? Haß, Agonie, Leid und Angst.

Die Vernichtung von 150.000 unbewaffneten Zivilisten in Hiroshima und Nagasaki war ein Akt des Hasses und der Rache. Anfangs wurde der Abwurf der Bomben dadurch gerechtfertigt, daß er notwendig war, denn sonst hätten viele Amerikaner bei der Eroberung von Japan ihr Leben verloren. Erst später wurde bekannt, daß der japanische Kaiser Hirohito sich schon zur Kapitulation bereit erklärt hatte, bevor die Bomben gezündet wurden. Trumans Befehl, die Bomben auf japanische Zivilisten abzuwerfen, ging auf seinen tief verwurzelten Haß auf die Menschheit zurück. Er war von dem größenwahnsinnigen Wunsch besessen, gottgleiche Macht auszuüben, und das bescherte 150.000 unbewaffneten Zivilisten einen schrecklichen, unnötigen Tod – einfach nur, damit Truman seine Stärke zur Schau stellen konnte. Diese Demonstration der Macht galt nicht nur den Japanern, sondern der ganzen Welt: Schaut euch all diesen teuflischen Wahnsinn an. Wir kontrollieren euer Leben. Wir sind die obersten Machthaber. Wir können euch innerhalb von Sekunden grillen.

Wenn wir darüber nachdächten, wo Truman heute sein könnte, würden uns unsere Überlegungen zu einem zutiefst erschreckenden Ergebnis führen. Das Traurige an seinen Handlungen ist, daß sie im amerikanischen Karma als Schulden verbucht sind. Truman hat also unschuldigen Amerikanern eine drohende Katastrophe aufgehalst. Die bekannten Filmausschnitte von einem witzigen Truman – einem fröhlichen, kleinen Kerl in albernen Klamotten, der Golf spielt – tarnen einen heimlichen Nazi, jemanden, der kein bißchen anders ist als seine Gegner. Die Welt wurde auf jeden Fall zu einem besseren Ort, als Bruder Harry die irdische Ebene verließ.

Nach 1946 begannen die UFOs ihren eigenen Krieg mit dem Ziel, die Kontrolle über die menschliche Dimension zu erlangen. Es ist ein zweiseitiger Angriff: Da sind die Kontrolleure auf dem Boden (Menschen) und jene in der Luft. Vergessen Sie nicht, die UFOs sind Nazis, ebenso wie die grauen Drohnen und die Nordics; dabei scheinen die blonden, arischen Typen mit den perfekten Zügen das Kommando über die Grauen zu haben. Während man die UFOs manchmal auch bei Tag fliegen sieht, tauchen die Grauen fast immer nur in der Nacht auf. Die Grauen können mit Licht nicht umgehen – sie sind äußerst teuflisch, ja sie riechen sogar oft nach Schwefel. Genau wie die Nazis holen sie Menschen gegen ihren Willen aus ihrem Heim weg und foltern sie. Manchmal werden die Menschen von den Transdimensionalen auch sexuell mißbraucht und ver- gewaltigt. Die Entführten berichten von Zuchtprogrammen, die die Grauen anscheinend betreiben; für diese entnehmen sie den Entführten Eizellen und Sperma, mit denen sie dann versuchen, Leben zu erschaffen. Die Nazis betrieben die glei- chen schäbigen Eugenikprogramme; sie strebten danach, eine Herrenrasse von Ariern (ein nordisch aussehendes Volk) zu züchten, indem sie jegliche Mißbildungen oder genetische Schwächen Schritt für Schritt beseitigten und jene töteten, die ihrer genetischen Blaupause nicht entsprachen. Die Grauen machen uns etwas vor; sie machen uns vor, dieselbe Art von Experimenten durchzuführen wie die Nazis.

Die Nazis herrschten, indem sie Kontrolle und Terror ausüb- ten. Die UFOs machen dasselbe; sie beobachten uns die ganze Zeit. Die Nazis setzten Desinformation, Propaganda und Irre- führung ein. Die UFOs arbeiten mit denselben Methoden, mit denen sie die Illusion erzeugen, daß sie äußerst mächtig sind. Hitler nahm die Massen mit Hilfe von Indoktrination und Massenhypnose für sich ein. Die Transdimensionalen tun es ihm mit ihren akrobatischen Vorführungen und ihren Verbündeten auf dem Boden und in den Medien gleich, die leugnen, daß es sie gibt. Vergessen Sie nicht: Abzustreiten, daß es sie gibt, ist ein Trick, mit dem die Menschen dazu gebracht werden, die UFOs als geheimnisvoll und übermächtig zu betrachten.

Was sind die Medien? Sie sind die Stimme der Welt, die von einer sehr geringen Anzahl von Menschen kontrolliert wird. Ihre Aufgabe ist es, den gewöhnlichen Menschen Angst einzuflößen. Wenn Sie all das glaubten, was Sie sehen und lesen, dann würden Sie sich selbst als machtlos empfinden. Außerdem würden Sie Ihre Individualität aufgeben, denn die Medien wiederholen endlos, daß Unterwerfung und Versklavung des einzelnen dem übergeordneten Wohl dienten. Die Grauen mit den hervorquellenden Augen sagen genau dasselbe, wenn sie dem Entführten mitteilen: »Tut mir leid, das wird jetzt ein wenig weh tun, aber es dient einem größeren Ziel.«

Schauen Sie sich die Abendnachrichten an, und während der Fernsehsprecher spricht, beenden Sie im Geist seine versteckten, unausgesprochenen Sätze. Was berichten sie tatsächlich? Nichts. Was bleibt ungesagt? Alles. Was bleibt geheim? Alles. Man trichtert Ihnen die Große Lüge ein, die unausgesprochene Lüge – die natürlich an die ausgesprochene Lüge anschließt, die besagt, daß alles gut ist und daß jene, die an der Macht sind, uns freundlich gesinnt sind und unser Wohl im Sinn haben. Das, was im Fernsehen mit großem Tamtam verkündet wird, ist angeblich die Wahrheit. Aber es handelt sich nie um die Wahrheit, kann es gar nicht. Wenn die Machthaber zugäben, daß sie die Bevölkerung hinters Licht führen und heimlich ausrauben, würden die Menschen reagieren. Also kündigt der US-Präsident Einsparmaßnahmen an, mit denen das Defizit verringert werden soll, Beihilfen werden gekürzt, und er schwafelt etwas daher, daß jeder seinen Beitrag leisten und einen angemessenen Anteil der Steuerlast tragen muß. Er erwähnt aber nicht, daß die amerikanische Regierung 35 Milliarden Dollar beiseitegeschafft hat. Das Bruttoinlandsprodukt der USA beträgt etwa zehn Milliarden Dollar pro Jahr*, also hortet die Regierung den Gesamtumsatz der amerikanischen Wirtschaft von dreieinhalb Jahren in ihren geheimen Schatzkammern. Die Regierung könnte jedem Arbeitnehmer 100.000 Dollar schenken und würde damit den Betrag, den sie gebunkert hat, kaum ankratzen. Gericht des Tages? Noch mehr Lügen, Kontrolle, höhere Steuern, Einsparmaßnahmen, soziale Kürzungen, Einschränkungen für das gewöhnliche Volk und immer mehr Macht für die Elite.

Vor kurzem streikten in England die LKW-Fahrer, die Treibstoff liefern; sie protestierten damit gegen die exorbitanten Steuern auf Benzin und Diesel, die dazu führten, daß die Treibstoffpreise in Großbritannien um 400 Prozent stiegen. Diese Steuern sind beinahe doppelt so hoch wie jene, die man anderen Europäern abknöpft. Der britische Schatzkanzler trat im Fernsehen auf und sagte, daß die Regierung nicht imstande wäre, die Krankenhäuser zu betreiben oder Pensionen zu bezahlen, wenn man die Benzinsteuern senken würde. Das war eine eklatante Lüge, eine knallharte Desinformation, doch die Öffentlichkeit unterstützte daraufhin den Streik nicht mehr. Zu der Zeit als der schmierige Schatzkanzler Brown im Fernsehen die ›uns geht das Geld aus‹-Lüge verbreitete, wies die Staatskasse – ganz abgesehen von den mehreren Milliarden

---

* 2001: 10,082 Mrd. – Anm. d. Vlgs.

Pfund, die die Regierung ohnehin beiseitegelegt hat – einen Überschuß von einigen Milliarden Pfund auf, was natürlich keiner zugab. Aufgabe der Medien ist es, zu kontrollieren, angst zu machen und zu verbreiten, was immer die Regierung verlangt. Wenn Sie alldem nicht zum Opfer fallen wollen, schalten Sie Ihren Fernseher aus und kaufen Sie keine Zeitungen.

SIE SIND EIN GEFANGENER DES FELDES, SOLANGE SIE NICHT DIE MEDIEN AUS IHREM LEBEN VERBANNEN.

Die Kontrolle ist natürlich politischer und sozialer Natur, aber vor allem ist sie ahrimanisch. Ihre Aufgabe ist es, die Menschen zu entmachten, falsch zu informieren und dazu zu verleiten, vorgefertigte Entscheidungen zu treffen. Zunächst ist es für uns unmöglich, zu verstehen, was da vorgeht. Wie kann der freundliche Nachrichtensprecher, den wir jeden Abend sehen, den wir kennen und dem wir vertrauen, Teil eines Desinformationsprogramms sein? Tatsache ist, er ist es. Er bekommt einen Spitzenlohn und liest alles ab, was ihm vorgesetzt wird. Er hätte weder die Zeit noch die Ressourcen, die Fakten zu überprüfen, die er präsentiert. Wenn er die Nachrichten vorträgt, tischt er vorformulierte Ideen, offizielle Propaganda und verlogenes Geschwätz als Wahrheit auf. Haben Sie sich je gefragt, warum Nachrichtensprecher kaum jemals ausgetauscht werden? Dieselbe Person ist jahrzehntelang jeden Abend im Fernsehen. Nachrichtensprecher machen unaufhörlich weiter, weil genau das ihre Stärke ausmacht. Wenn man sie immer und immer wieder sieht, werden sie einem vertraut und klingen glaubwürdig. Es ist, als würde man sich mit einem alten Freund unterhalten. Man glaubt, was einem erzählt wird, und stellt keine Fragen. Das ist die Aufgabe der Nachrichten: die Menschen so einzulullen, daß sie eine vorgefertigte Realität akzeptieren, die unsere Welt auf die offizielle, ›genehmigte‹ Weise darstellt.

Es ist Kontrolle der Kontrolle wegen. Der Alptraum, der sich tief im Inneren der feisten Aufseher eingenistet hat, ist ahrimanischer Natur. Er nimmt sie gefangen, und sie möchten ihn nach außen verlagern und manifestieren. Sie wollen Gefangenenlager. Sie wollen die Stimme der Welt sein, und sie lassen niemanden in den Medien tätig sein, der nicht arglos ist oder demselben ahrimanischen Gefühl folgt wie sie selbst. Der Amerikaner Noam Chomsky ist einer der großen Denker unserer Zeit. Er ist ein Dissident, das amerikanische Pendant zu Sacharow. Er hat ein großartiges Buch mit dem Titel *Manufacturing Consent** geschrieben, in dem er von der Manipulation der Bevölkerung durch die Medien spricht. Ich habe einen Artikel von ihm gelesen, in dem er schrieb, er werde von den Medien bewußt übergangen und sei in 15 Jahren insgesamt nur sechs Minuten im Fernsehen gewesen. Ein Normalbürger kann unmöglich verstehen, wie verfälscht die Informationen sind, die er erhält, nur damit sie den kontrollierenden Mächten zusagen.

Kommen wir noch einmal auf die Sphäre zurück. Ihr geht es um Kontrolle. Die Stimme der Welt wird wirksam zum Schweigen gebracht. Es ist keinem erlaubt, etwas gegen die feisten Aufseher zu sagen. Unterdessen wird den Massen täglich Angst eingeflößt. Aus Lügen wird Wahrheit, und die echte

---

* zu dt.: Übereinstimmung herbeiführen

Wahrheit wird verborgen. Jeglicher Widerspruch wird als Ketzerei betrachtet.

Was brauchen die Sphäre und die Transdimensionalen noch? Aktivität – sie ernähren sich von Aktivität. Die Energie, die Sie Tag für Tag verbrauchen, indem Sie von Termin zu Termin eilen, erhält die Sphäre und die Transdimensionalen am Leben. Und wie definieren und verkaufen die Medien Aktivität? Als etwas Positives. Die Menschen müssen arbeiten, etwas leisten und Verantwortung tragen, sagt man uns. Die Arbeitslosen müssen umgeschult werden. Man kann nicht gesund sein, wenn man nicht herumhetzt. Draufgänger werden bewundert. Workaholics sind gute Menschen, die für ihre Familie sorgen. Sportler, die sich unablässig zu höheren Leistungen antreiben, werden uns als Übermenschen verkauft. Zusammengefaßt könnte man sagen, daß die Botschaft lautet: Etwas zu tun ist gut, nichts zu tun ist nicht erstrebenswert, es zeugt von Arbeitscheu.

Wie sorgt man dafür, daß alle herumlaufen wie kopflose Hühner? Als erstes verkauft man Ihnen den ›Mann der Tat‹ als etwas Heiliges und Gutes – er fährt einen Porsche und hat ein hübsches Mädel an seiner Seite. Er hetzt herum, sein Leben ist eine Party. Er muß nicht gefühlvoll oder sensibel sein, solange er eine Menge Orgasmen erlebt. Sie geben ihm das Gefühl, im Himmel zu sein. Als nächstes flößt man den Frauen den gleichen Mist ein. Die moderne Frau ist die starke Karrierefrau, die ihr Leben, die Kinder, die Regelbeschwerden, den Job, die Hypothek managt; sie kann sich alles leisten, denn sie hat es – obwohl die Chancen schlecht standen – in einer Männerwelt bis nach ganz oben geschafft. Die auf Handeln ausgerichteten Menschen sind Erfolgstypen, die uns als etwas Besonderes und Gottgleiches verkauft werden. Man sagt uns, sie seien glücklich. Sie haben durch ihre Aktivität eine falsche Unsterblichkeit erlangt. Niemand hat das Recht, die Religion der Aktivität in Frage zu stellen.

Wie sorgt man zuverlässig dafür, daß diese Menschen weiterhin herumhetzen und keiner daherkommt, der ihnen anarchistische Ideen einpflanzt, wie auf der Veranda zu sitzen und an einem Stock zu schnitzen? Ganz einfach. Man nimmt ihnen den halben Lohn als Steuer weg, so daß keiner daran denkt, früher aufzuhören, wie etwa Mittwoch mittag. Noch besser, man sorgt dafür, daß sie eine Menge Überstunden machen müssen, nur um überleben zu können. Um für Aktivität zu sorgen, muß man die Menschen versklaven, und am einfachsten geht das, indem man ihr Geld kontrolliert. Das erreichte man in Amerika durch die Gründung der kriminellen Federal Reserve im Jahr 1913. Ein Privatunternehmen, überwiegend im Besitz jüdischer Familien, von denen die meisten aus Europa stammen. Die Hauptfunktion der US-Notenbank, der Federal Reserve, besteht darin, wertloses Papier zu bedrucken, das dann über Nacht zu echtem Geld wird. Dieses zuvor wertlose Papier wird dann den amerikanischen Steuerzahlern gegen Zinsen geliehen.

Ich glaube zwar, daß Sie durchaus verstehen, wie Sie durch diesen Schwindel versklavt werden, aber hier ist eine kurze Geschichte, die aufzeigen soll, wie dieses Verbrechen ständig fortgesetzt wird und warum es so clever ist:

Stellen Sie sich ein kleines Dorf vor, in dem es nur Tauschhandel gibt. Es gibt keine Geldscheine oder Münzen. Den Dorfbewohnern wird klar, daß ihre Wirtschaft davon profitieren würde, wenn sie eine gemeinsame Währung hätten, denn das würde den Handel erleichtern, der dadurch zunehmen könnte.

Da kommt ein Typ von der Federal Reserve Gelddruckgesellschaft (Fed) daher und erklärt: »Wir liefern euch Geld und drucken sogar ein Porträt vom Dorfoberhaupt auf die Scheine.«

»Wunderbar«, sagen die Dorfbewohner.

Die von der Fed drucken eine Million Dollar und übergeben sie den Dorfbewohnern, die den Empfang von Papier, das gestern noch wertlos war, quittieren. Jetzt schulden sie der Fed eine Million. Außerdem haben sie zugestimmt, sechs Prozent Zinsen pro Jahr für dieses Darlehen zu bezahlen. Das ist natürlich eine Falle, denn die von der Fed haben nicht genug Geld gedruckt, daß die Dorfbewohner die Zinsen auch tatsächlich zurückbezahlen könnten.

Wenn man eine Million Dollar druckt und diese einem Dorf gegen eine Gebühr von sechs Prozent Zinsen leiht, dann wäre, wenn man dort niemals auch nur einen Cent ausgegeben, sondern nur die pro Jahr fälligen 60.000 Dollar bezahlt hätte, nach 16,33 Jahren nichts mehr von dem Geld übrig, weil alles davon über die Zinsen an die Federal Reserve zurückgegangen wäre. Das Dorf würde der Federal Reserve aber noch immer die ursprüngliche Million Dollar schulden. Es ist ein Trick: Sie können das Darlehen niemals zurückzahlen. Um ihre Schulden im siebzehnten Jahr zu begleichen, müßten sie der Fed ihr Dorf zum Teil oder zur Gänze überlassen.

Die Million Dollar in Banknoten zu drucken, die sie dem Dorf gaben, kostete die von der Fed ursprünglich ungefähr 20.000 Dollar. Jetzt haben sie das ganze Geld zurück und können es Dorf Nummer zwei leihen, während sie nach und nach das gesamte Vermögen von Dorf Nummer eins in Besitz nehmen, das jetzt in Zahlungsverzug ist. In weiteren 16,33 Jahren können sie damit beginnen, Dorf Nummer zwei in Besitz zu nehmen. Am Ende landen das ganze Geld und das ganze Vermögen jedes Dorfes, das auf diesen Trick hereinfällt, bei der Federal Reserve Gelddruckgesellschaft. Wenn man lange genug wartet, besitzt die Fed letztlich die ganze Welt. Ihre Ausgaben dafür, alles zu besitzen, belaufen sich gerade einmal auf die Druckkosten. Die Kosten für die Milliarden an Federal-Reserve-Noten oder für das Geld, das per Computer als ›neues‹ Geld in das System eingeschleust wird, wenn es Institutionen als Darlehen gutgeschrieben wird, sind sogar noch geringer.

Die Dorfbewohner legten das geliehene Geld natürlich nicht beiseite. Sie haben einen Brunnen gegraben, ein Krankenhaus und eine neue Straße gebaut, also waren sie, lange bevor die 16,33 Jahre um waren, bankrott. Unterdessen mußten die Arbeiter eine Menge Überstunden leisten, um Vermögen zu schaffen und Steuern zu bezahlen, damit das Dorf die Zinsen an die Fed bezahlen konnte, für etwas, was nie etwas anderes als wertloses Papier (Vermögen) war. Was den armen Dorfbewohnern dabei nie klar wurde, ist: Sie hätten sich eine Druckerpresse kaufen, ihr eigenes Geld drucken und unter den Bewohnern verteilen können. Sie hätten nie Zinsen bezahlen müssen, und anstelle der 50 Stunden, die jeder pro Woche arbeiten muß, damit sie die Ausländer bei der Federal Reserve bezahlen können, hätten sie genau dasselbe Vermögen gehabt und nur 25 Stunden pro Woche dafür arbeiten müssen.

Die Federal Reserve stellte ein paar üble Polizisten ein, die dafür sorgten, daß die Steuern eingetrieben, die Aktivität aufrechterhalten und die Zinsen regelmäßig bezahlt wurden. Das bereitete den Dorfbewohnern eine Menge Streß und ein paar von ihnen starben. Andere wurden nicht damit fertig; sie griffen zu Drogen. Familien zerbrachen, und Gewalt, die vorher unbekannt war, brach aus. Einige Dorfbewohner bestahlen die anderen, um über die Runden zu kommen. Jetzt mußte sich das Dorf in Unkosten stürzen und selbst Polizisten einstellen, um Recht und Ordnung aufrechtzuerhalten. Es dauerte nicht lange, und die Dorfbewohner gaben auf, und das bedeutete, daß sie noch mehr in Zahlungsverzug gerieten, bis das ganze Vermögen des Dorfes der Federal Reserve zufiel und die Dorfbewohner vor Kummer starben.

Das ist der üble Streich, der den Steuerzahlern Jahr für Jahr gespielt wird. Die Notenbank druckt nie genug schuldenfreies Geld, als daß die an sie fälligen Zinsen gezahlt werden könnten. Sagen wir also, es werden eine Million Dollar gedruckt, und die Zinsen dafür betragen 60.000 Dollar pro Jahr – dann gibt es keine zusätzlichen 60.000 Dollar, mit denen diese Schulden getilgt werden könnten. Selbst wenn Sie die Million Dollar nicht ausgeben, sondern am Ende des Jahres zurückgeben könnten, woher würden Sie die zusätzlichen 60.000 Dollar nehmen, die Sie der Notenbank an Zinsen schulden? Sie hat nur die Million gedruckt, und nicht die Million plus Zinsen – wie Shylock,* der sein Pfund Fleisch durch Betrügerei erschleicht. Diese Geschichte mit den Steuern ist ein abscheuliches Verbrechen gegen die Menschheit, ausgeübt von unmenschlichen Individuen. Wenn Sie der Ansicht sind, das sei nicht unmenschlich, dann sind Sie der Propaganda der Sphäre verfallen, oder Sie haben es nicht richtig verstanden.

---

* Gestalt aus Shakespeares »Der Kaufmann von Venedig« – Anm. d. Vlgs.

Das zuvor gedruckte Geld kann man nicht dafür verwenden, die fälligen Zinsen zu bezahlen, weil dafür ebenfalls Zinsen fällig sind. Das einzige, was man jetzt machen kann, ist, die fälligen Zinsen umzuschulden, wodurch weitere Schulden entstehen, oder die Zinsen in Gütern statt in Geld zu bezahlen. Sie müssen also Immobilien, Gold, Diamanten, Aktien und Wertsachen statt Geld dafür verwenden, die Zinsen zu bezahlen, denn Geld ist dafür keins vorhanden. Wie schon gesagt, die Schulden können nie beglichen werden. Sie wachsen weiter an, bis die Notenbank die ganze Welt besitzt.

Wie kann jemand, der auch nur einen Funken Anstand besitzt, den gewöhnlichen Menschen eine solch schreckliche Qual auferlegen? Diese faschistischen Manipulatoren müssen ihre Mitmenschen hassen wie der Teufel. Sie müssen sich geradezu daran weiden, wie raffiniert sie das amerikanische Volk und den Rest der Welt verbrecherisch in eine finanzielle Sklaverei getrieben haben. Unterdessen fallen Hunderttausende von Amerikanern jedes Jahr vor lauter Streß tot um.

Das ist das gleiche wie bei Harry Truman und Hiroshima. Es ist egal, wie viele Menschen sterben, wie viele Familien zerbrechen oder wie viele in Hilflosigkeit und Verzweiflung verfallen, solange es darauf hinausläuft, daß die von der Fed die Welt besitzen. Sie haben Billionen auf die Seite gelegt, die sie im geheimen hin und her verschieben können, um die politischen und kommerziellen Interessen der Besitzenden zu wahren – es gibt keine legale Möglichkeit, ihre Aktivitäten zu kontrollieren oder zu überwachen.

Wo sind die Medien bei alldem? Protestieren sie im Namen der Dorfbewohner? Zur Hölle, nein. Die Medien präsentieren den infamen Vorsitzenden der Federal Reserve Gelddruckgesellschaft mehrmals die Woche im Fernsehen. Die New York Times und die Herald Tribune stehen auf derselben Seite wie die Federal Reserve und schreiben fröhliche Artikel über ihn. Sie verkaufen ihn als einen guten Kerl. Einen, der pflichtgetreu die Wirtschaft der Dorfbewohner verwaltet, sich darum bemüht, die Inflation im Zaum zu halten, der generell ein Auge auf die Finanzen wirft und die Ausgaben streng kontrolliert. Erinnern Sie sich? Es ist alles genau andersherum.

Puh! Das ist eine gute Nachricht. Einen Augenblick lang dachte ich, der knorrige Schuft würde jedes Jahr mehr Amerikaner umbringen, als im gesamten Vietnamkrieg starben. Sie glauben nicht, daß er Familien zerbricht, die Saat der Gewalt und Verzweiflung sät, und Chaos unter der arbeitenden Bevölkerung anrichtet? Puh! Was für eine Erleichterung, zu wissen, daß er uns hilft. Einen Moment lang mutmaßte ich, er wäre kein bißchen anders als der Rest der Faschisten, die die Welt kontrollieren: herzlos, gemein, grausam und ein schrecklicher Lügner.

»Nein«, sagen die Medien. »Er hilft euch kleinen Dorfbewohnern.«

»Toll«, sagen wir, »gelobt sei der Herr, wir sind wahrlich gesegnet.«

Die Dorfbewohner hatten zwei Anführer: Abraham Lincoln und John Kennedy. Beide erkannten, daß die Betrügerei mit diesem falschen Geld die Menschen allmählich in eine versteckte Sklaverei treiben würde. Sie sahen, daß es die Menschen krank machte. Sie beschlossen in ihrer großen Weisheit, daß das Dorf das ganze falsche Geld zurückzahlen und von nun an sein eigenes zinsfreies Geld drucken sollte. Beide Anführer wurden, wie ich zu meinem großen Bedauern feststellen muß, ermordet,* bevor sie ihren Plan umsetzen konnten, der die Dorfbewohner für immer befreit hätte.

Die Menschen, die hinter diesem Geschäft stehen, sind mächtig, und das Feld wird ohnehin nie zulassen, daß die Dorfbewohner entkommen, nicht bevor das Feld selbst zerstört wird. Deshalb sind die Menschen, die dieses falsche Geld drucken, die Medien beherrschen, unsere Kreditinstitute kontrollieren und einschränkende Gesetze erlassen, die Verkörperung des Feldes. Sie sind die Sphäre, und ihr Lebenszweck sind Versklavung, Aufbau sowie Erhaltung von Monopolen und Kontrolle.

Das ist furchtbar schwer zu glauben. Sie wirken alle so vernünftig. Die Argumente klingen so logisch. Es gibt keine Gegenargumente, und wenn doch, dann werden sie als unlogisch oder skurril abgetan. Was ist darunter verborgen? Ständige Aktivität, die als heilig und gut dargestellt wird. Aktivität bringt Wohlstand (wobei Ihnen die Hälfte davon weggenommen wird – tut mir leid, tut mir leid), der Rest macht dich glücklich – sagt man uns. Das ist eine Lüge, eine gigantische Lüge. Es ist eine List, die dafür sorgt, daß Sie in Ihrer Aktivität nicht nachlassen und die feisten Aufseher, die jenseits von Gesetz und Alltagsstreß stehen, an der Macht bleiben und uns weiter kontrollieren können. Vergessen Sie nicht, Aktivität ist ein Mechanismus, mit dem man Angst vermeidet; auf diese Weise spüren die Menschen ihre Angst nicht.

Wäre das System nicht auf Angst (Nahrung) aufgebaut, dann müßten Sie natürlich nicht so aktiv sein (mehr Nahrung). Deshalb flößt uns die Sphäre nach und nach Angst ein und treibt

---

* der eine in weiser Voraussicht bereits 1865, noch bevor die Gesellschaft 1913 gegründet wurde – Anm. d. Vlgs.

uns zur Aktivität an – um sich von der Angst und der Aktivität zu ernähren, die, wie Sie wissen, wiederum die Angst erzeugen. Mist! Weigern Sie sich, in diesem Leben Angst zu haben, weigern Sie sich einfach! Und vergessen Sie nicht: Es gibt einen Ausweg, und es gibt eine Menge guter Männer und Frauen, die da sind, um Ihnen zu helfen. Lernen Sie, den guten Männern und Frauen zu vertrauen. Seien Sie nicht mißtrauisch. Wenn Ihnen Ihr Gefühl sagt, vertrau ihm/ihr, dann tun Sie es. Wenn es nicht anders geht, seien Sie zuerst vorsichtig, aber vertrauen Sie. Letzten Endes wird das Feld zerfallen. Hilfe ist hier.

**VERGESSEN SIE UNTERDESSEN NICHT,
SIE KÖNNEN DEM FELD NICHT ENTKOMMEN,
SOLANGE SIE IHRE AKTIVITÄT NICHT EINSTEL-
LEN – NIEMALS.**

Wovon ernährt sich das Feld noch? Von Lärm. Es braucht eine Menge Lärm, und zwar den, der von der menschlichen Stimme erzeugt wird. Kein Problem. Unsere Freunde bei den Medien helfen uns dabei. Sie geben uns großzügig eine Menge Lärm. Fernsehen und Radio, Ghettoblaster, CDs, Minidisks, Walkmans, MP3-Player, Musikberieselung zu Hause, im Auto, im Kaufhaus, im Lift, in der Hotelhalle, auf der Toilette – überall, endloser Lärm. Und vergessen Sie die Handys nicht – sie sorgen dafür, daß die Leute überall und zu jeder Zeit reden, reden, reden können. So sorgt das Feld einfach 24 Stunden am Tag für ununterbrochenen Lärm, für irremachende Mißklänge. Wenn die Menschen ständig Lärm ausgesetzt sind, können sie nicht richtig denken, keine unangenehmen Fragen stellen und nichts wirklich wahrnehmen. Wir brauchen Lärm, um das Feld zu ernähren, also lassen wir unsere Kumpels bei den Medien für endlosen Nachschub an entfesseltem Lärm sorgen. Wir machen Leute, die sich auf Lärm spezialisieren – Heavy-Metal-Bands, Sänger, Rapper und so weiter – zu Nationalhelden. Das sollte doch reichen, um jeden restlos durcheinanderzubringen.

Sie werden dem Feld nie entkommen – niemals –, wenn Sie nicht erkennen, daß Ihre Kraft in der Stille liegt.

Was hält das Feld noch am Leben? Zum Teil ernährt es sich von etwas, was man als Vergnügen beschreiben könnte – das Vergnügen, das ihm die Kontrolle bereitet. Wenn Sie also beispielsweise jemand wären, der Spaß an Kontrolle hat, dann wären Sie Aufseher in einem Gefangenenlager. Und während Sie in Ihrem Wachturm stünden, in Ihrer speziellen Uniform und mit einem Gewehr über der Schulter, würden Sie auf die Gefangenen hinunterblicken und sich daran ergötzen, zu wissen, daß Sie Macht über deren Leben und Tod haben, daß Sie es sind, der die Aufsicht über das Gefängnis hat, daß Sie es sind, der dafür sorgt, daß die Menschen gefangen und eingesperrt bleiben. Das würde Ihnen Vergnügen bereiten, wenn Sie diese Art von Mensch wären.

Das Feld findet Vergnügen an seiner eigenen Ordnung: Ordnung gehört zur Dynamik des Feldes. Dabei handelt es sich nicht um eine Ordnung, wie wir sie kennen – etwa Bücher, die in einer Reihe auf einem Regal stehen. Es geht um Kontrolle, denn durch Kontrolle versucht das Feld, unsterblich zu werden. Es glaubt, dadurch für immer weiterbestehen zu können. Auf diese Weise erhält es sich am Leben, sorgt für die Aufrechterhaltung seiner Energie und seiner Lebenskraft.

Außerdem ist sich das Feld der Wesen bewußt, die in seinem Inneren entstehen. Wie ich schon gesagt habe: Der Hai ist im Meer, und das Meer fließt durch die Kiemen des Hais und erhält ihn am Leben. Der Hai ist das Meer, und das Meer ist der Hai. Sie gehören derselben Dimension an. Das Meerwasser hat nicht den Wunsch, zu kontrollieren. Genaugenommen wird es von einer äußeren Kraft, dem Mond, kontrolliert. Hätte das Meerwasser aber die Kontrolle, dann würde es die Fähigkeiten des Hais genießen. Es würde ihm gefallen, daß die Haie die in ihm lebenden Robben und Fische überwachen, kontrollieren, terrorisieren und auffressen. Es hätte Freude daran, weil es sich dabei um eine Erweiterung der Art und Weise handelt, wie das Feld für seine Unsterblichkeit sorgt. Die Haie wiederum würden durch das Feld Macht gewinnen und ihrem eigenen Kontrolltrip folgen.

Unser Verstand wird von transdimensionalen Kräften beeinflußt, die unserem Bewußtsein Unsinn einimpfen. Sie indoktrinieren uns mit ihren Ideen und versuchen, den Lauf der Dinge zu beeinflussen, während sie hoffen, Kontrolle zu erlangen, indem sie die Illusion erzeugen, daß eine höhere Macht über die Menschen herrscht. Das geschieht auf dieselbe Weise, in der eine Regierung die Illusion erzeugt, sie habe Macht über uns. Sie hat keine Macht, aber es gefällt ihr, die Illusion zu erzeugen, daß sie Macht hat. Genau das gleiche gilt für die Polizei. Sie erzeugt die Illusion, daß sie umherzieht und für Ordnung sorgt. Die Polizei kann nicht für Ordnung sorgen – es sind die Bürger, die bereit sind, sich ordentlich zu verhalten. Wenn 50 Millionen Menschen beschließen, sich ordnungswidrig zu verhalten, dann ist die Polizei völlig aufgeschmissen, ebenso wie das Militär. Ihre Macht ist eine reine Illusion.

Der Einfluß der Transdimensionalen drückt sich in Unsicherheit und Bösartigkeit, Grausamkeit und Gier aus. Wenn Sie ein guter Mensch sind, wenn Kontrolle nicht Ihr Ding ist, wenn Sie andere nicht manipulieren oder terrorisieren, dann kann Ihnen die Bösartigkeit des Feldes nicht viel anhaben. Sie kann Sie aber noch immer in gewissem Maße beeinflussen. Lassen Sie uns noch einmal ein bißchen über Gedankenkontrolle, Programmierung und Gehirnwäsche sprechen und darüber, wie das alles abläuft.

Diese transdimensionalen Wesen sind hier, um die Welt zu beherrschen. 1947 gab es noch nicht viele von ihnen, und sie hatten wenig Macht, weil sie nicht viel Energie hatten. Beginnend mit dem Aufstieg der Nazis jedoch tauchten sie in größeren Mengen auf; sie sind alle ein und dasselbe. Seit die Bevölkerung aktiver wurde, sich weiterentwickelt und zahlenmäßig zugenommen hat, nachdem die Programmierung durch die Entwicklung der Massenmedien einsetzte, ist das Feld enorm gewachsen. Diese Wesen sind hier, um Seelen einzufangen, und als Lärm und Kommunikation sich global ausdehnten, wurde das einfacher für sie.

Ich muß Ihnen etwas sagen, was ich das ausgesprochen traurig finde: Die Transdimensionalen leisten gute Arbeit. Es ist einfach für sie, die Menschen in ihre Falle zu locken, weil diese schwach und berechenbar sind. Für die meisten Menschen auf der Erde gibt es kein Entkommen, keine Möglichkeit zur Flucht. Sie sind zu stark indoktriniert. Sie verschreiben sich allzusehr der Kontrolle, der Angst, dem Materialismus, dem Geld, dem Haß und der Wut. Sie sind zu klein, sie sind Opfer des Feldes, ohne es zu wissen – sie sind das Feld, und das Feld ist sie. Die Zahl der Menschen, die dem Feld entkommen könnten, schrumpft mit jedem Tag. Das ist für die Zukunft der Menschen nicht gut, aber es ist Teil unserer langfristigen Evolution. Wir sind in der Bucht, und wir sind gefangen. Die einzigen, die aus der Bucht entkommen können, sind Fische oder Robben, die keine Angst vor den Haien haben – jene, die die scheinbar sichere Bucht verlassen, die ohnehin nicht mehr sicher ist; jene, die sich nicht fürchten, anders zu denken, mutig genug sind, still zu sein, nicht davor zurückscheuen, allein zu sein, keine Angst davor haben, in sich selbst ihre eigene Realität zu erkennen und danach zu leben und zu sterben. Nur jene, die über diese Art Macht verfügen, werden jemals entkommen.

Wir sind gefangen, und zugleich sind wir es nicht. Männer oder Frauen, die ihr Wahrnehmungsvermögen ausbauen, ihre Individualität entwickeln (die schließlich als wahre Spiritualität gilt) und die sich nach der Ewigkeit sehnen, können loslaufen und gegen die Haie gewinnen. Denn die Haie sind im Grunde hilflos gegenüber der Macht eines Individuums. Sie sind nur mächtig, wenn sie den gesamten Mechanismus des Feldes hinter sich haben, der die Menschen auf Machtlosigkeit programmiert.

In unserer Welt erfreut sich das Feld an sich selbst. Und die Menschen im Feld, die feisten Aufseher, die alles besitzen – Hollywood-Magnaten und Großunternehmer –, sind begeistert davon, wichtig zu sein. Sie genießen die Privilegien, das Gefühl, etwas Besonderes zu sein, und den Reichtum. Sie lieben es, einen Menschen bevorzugen und einen anderen ablehnen zu können. Sie genießen den Machttrip. Sie leben in der Hölle, finden es aber angenehm, weil Prestige, Status und Geld ihr Dasein auf rein materieller und sozialer Basis angenehm machen.

Das Feld will die oberste Macht sein. Es will Gott sein, so wie der Hai am Ausgang der Bucht Gott spielen und alle Fische und Robben, die in der Lagune leben, beherrschen will. Aber wir können ihm entkommen, und das ist der tolle Teil dieser Geschichte. Wir können entkommen, und das trotz der Tatsache, daß all diese Menschen unsere Gegner sind, trotz der Tatsache, daß sie vernünftig erscheinen, wenn sie in ihrem eleganten Anzug im Fernsehen auftreten, und trotz der Tatsache, daß sie manchmal Warmherzigkeit und Güte zur Schau stellen – selten, aber es kommt vor. Denn entgegen der Propaganda sind sie genaugenommen Nazis. Manchmal sind sie Mini-Nazis und manchmal ausgewachsene Nazis, aber Nazis sind sie auf jeden Fall.

Kapitel 11

Auf der ätherischen Ebene gefangene erdgebundene Geister

Jetzt kommt etwas, was ich faszinierend fand: Vor dreißig Jahren erzählte mir ein Eingeweihter, der Allerbeste seiner Zeit, daß viele der Juden, die während des Zweiten Weltkriegs in den Konzentrationslagern starben, nach dem Tod die irdische Ebene nicht verlassen konnten. Er sagte, Hitler habe gewußt, wie man sie einfängt. Das war das erste Mal, daß ich von der Ansicht hörte, daß es für manche eventuell kein Entkommen gibt. Zuvor hatte ich angenommen, daß jeder in eine Art Himmel oder Hölle käme. Genaugenommen befindet sich ein Teil der Hölle (es mag andere Höllenbereiche geben, von denen ich nichts weiß) da, wo wir sind, allerdings im ätherischen Bereich, nur wenige Zentimeter von unserem Körper entfernt. Auf der ätherischen Ebene gibt es Unmengen von erdgebundenen Geistern.

Wenn Sie sterben, haben Sie eine geringe, aber passable Chance, diese Dimension zu verlassen. Wenn Sie die materiellen Dinge nicht loslassen können, wenn Sie ein Jünger der Kontrolle sind oder wenn Sie sich Verfehlungen geleistet haben (eine dunkle Seite in sich haben), wird es schwer oder unmöglich, wegzukommen.

Verlassen Sie diese Dimension, dann öffnet sich ein Wurmloch, in das Sie hineinfallen. Ich habe es mehrmals gesehen.

Ich habe sogar hinuntergeschaut, und ab und zu fand ich mich am anderen Ende wieder. Es scheint, daß einen das Wurmloch zum Zeitpunkt des Todes nicht durchläßt, wenn man nicht schnell hindurchgeht. Brauchen Sie zu lange oder haben Angst, loszulassen und zu gehen, dann sitzen Sie fest. Genaugenommen wurden Sie von Ihren Überzeugungen und Einstellungen, schon lange bevor Sie starben, in die Falle gelockt. Wenn Sie nicht an ein Leben nach dem Tod glauben, wenn Sie Selbstmord begehen oder wenn Sie eines gewaltsamen oder plötzlichen Todes sterben, verringert das Ihre Chancen, der irdischen Ebene zu entkommen – aber es macht sie nicht völlig zunichte. Entscheidend sind Ihre Individualität sowie Ihre Persönlichkeit und wie groß Ihre Sehnsucht nach Gott ist.

Hitler wußte, wie er die Toten in der Sphäre gefangenhält – viele seiner Opfer kamen nicht weg. Hitler war einer der größten teuflischen Meister, die je gelebt haben, ein dämonischer Meister der dunklen Seite. Er hätte einer der größten Heiligen sein können, aber er beschloß, den anderen Weg zu beschreiten. Er wurde von den besten Okkultisten Europas unterrichtet und hatte zudem unsichtbare Helfer. Er war imstande, die Essenz von Millionen Juden zu fangen, teils, weil sie nicht an ein Leben nach dem Tod glaubten, teils, weil viele so plötzlich getötet wurden, und teils, weil viele, die während des Krieges im Ghetto gelebt hatten, selbst an das glaubten, was die deutschen Nazis taten.

Wenn man sich das genauer anschaut, ist es ziemlich erschreckend; ich wollte es nicht wahrhaben, als mich die Gotteskrieger zum ersten Mal darauf aufmerksam machten. Es fiel mir schwer, das zu begreifen. Ich weigerte mich, zu glauben, daß die Opfer und die Täter dieselben Pläne verfolgten, dieselben Überzeugungen hatten. Es war ein richtiger Schock. Ich war darauf programmiert worden, die Ähnlichkeiten zu ignorieren.

Die Nazis glaubten, einer überlegenen Rasse anzugehören; die Juden glaubten das auch. Die Nazis meinten, es wäre ihnen vorherbestimmt, die Welt zu beherrschen. Ihnen ging es hauptsächlich um die Vorstellung eines arischen Übermenschen, eines von Gott Begünstigten. Die Juden glaubten, sie wären etwas Besonderes und Auserwählte – von Gott bestimmt, die Erde zu erben. Die Nazis hielten nichts davon, sich mit anderen Rassen zu vermischen, sie bestanden auf genetisch reinen Verbindungen. Die (strenggläubigen) Juden glaub(t)en ebenfalls an die Bedeutung genetischer Reinheit; es ist ihnen nicht erlaubt, jemanden zu heiraten, der nicht zu ihrem Genpool gehört. Hitler bezeichnete die Juden als Vieh; das jüdische Gesetz, die Thora, bezeichnet Nichtjuden als Gojim, was Vieh bedeutet. Nach diesem Gesetz ist es erlaubt, die Gojim zu töten, weil sie als halbtierisch gelten. Einem Juden ist es auch ungestraft möglich, Gojim auszurauben und sie zu enteignen; in ihrer Religion ist das keine Sünde. Menschen zu töten und sich ihren Besitz anzueignen war auch nach dem Gesetz der Nazis zulässig – die Nazis waren selbstherrlich, sie liebten die Kontrolle der Kontrolle wegen. Die Religion der Juden ist ziemlich ähnlich gelagert; sie umfaßt über 600 Gesetze, die befolgt werden müssen. Die Nazis waren Rassisten und lehnten Minderheiten ab; die Ghettojuden waren Rassisten und hatten nicht viel für andere übrig, beispielsweise Afrikaner. Die Nazis erfanden Massenvernichtungswaffen, verbesserten die biologische Kriegsführung und entwickelten die V2-Rakete. Die Juden der Kriegszeit erfanden (mit Hilfe der Transdimensionalen) Trumans Rache – ihnen verdanken wir die Atombombe und später die Neutronenbombe. Nazis, denen die Alliierten halfen, aus Deutschland zu entkommen, leiteten nach dem Krieg einen Großteil des Nuklearprogramms in Amerika. Mein Vater hatte die Aufgabe, deutschen und russischen Wissenschaftlern nach dem Krieg bei der Flucht aus dem Ostblock zu helfen; er wurde nach Ostdeutschland eingeschleust und half ihnen, nach Amerika zu flüchten.

Die Nazis zerstörten jüdische Gemeinden und beförderten die Menschen gewaltsam in Ghettos und Konzentrationslager. 50 Jahre lang haben die Israelis die Häuser der Araber dem Erdboden gleichgemacht und die Bewohner in Flüchtlingslager verfrachtet, ohne ihnen Schadenersatz für den zerstörten Besitz zu bezahlen. Die Nazis haben auch keinen Schadenersatz geleistet. Die Vorstellung von einer reinen Rasse – dem auserwählten Volk, dem Übermenschen, der die Erde erben soll – ist natürlich reiner Humbug. Äußerst seltsam ist, daß die Juden am Anfang des Zweiten Weltkriegs und die Nazis viele gleiche Vorstellungen hatten. Wenn man es genauer betrachtet, erscheint es einem nachgerade bizarr. Es ist erstaunlich, daß das sonst noch keiner erkannt hat. Ich war schockiert, als man mich darauf aufmerksam machte, wollte es nicht glauben. Zuerst dachte ich, das wäre antisemitische Hetzerei, aber dann erkannte ich, was es wirklich war – nämlich eine Tatsache. Die Nazis und die Juden der Kriegszeit sind dem gleichen elitären Wahn erlegen, sind nur zwei Seiten derselben Münze, ob Ihnen das gefällt oder nicht.

Noch bizarrer ist, daß die UFOs die Nazis nachzuahmen scheinen, man hat sogar schon welche gesehen, die Hakenkreuze als Insignien tragen. Ich weiß nicht, ob Hitlers Haß etwas damit zu tun hatte, daß seine Mutter Jüdin war. Wie auch immer, es ändert nichts daran, daß sechs Millionen gewöhnliche Menschen getötet wurden, was ich furchtbar traurig finde. Trotzdem fand ich es äußerst befremdend, als ich feststellte, daß die Opfer und ihre Peiniger dieselben Überzeugungen hatten.

Wie Sie sehen, muß jeder, der von sich glaubt, etwas Besonderes, genetisch überlegen und von Gott dazu auserwählt worden zu sein, zu einer Herrenrasse zu gehören, unweigerlich ein Teil des Feldes sein. Er ist der Hai. Diese Menschen haben aufgrund der von ihnen selbst erlassenen Gesetze das Recht, jeden zu töten, der nicht so ist wie sie, und sie können sich rechtmäßig alles nehmen, was sie wollen. Man sieht deutlich, daß diese Typen, egal ob Nazis, Juden der Kriegszeit, die Federal Reserve oder irgendein schäbiger feister Aufseher unserer Zeit, Eigenschaften an den Tag leg(t)en, die dem Feld sehr ähnlich sind. Wenn sie nach dem Tod versuchen, diese Ebene zu verlassen, gelingt ihnen das nicht. Sie sind nicht schnell genug. Sie sind bereits aufgrund ihrer Ideale, ihres Materialismus, ihres Hasses gegen die Menschheit, ihres Irrglaubens, etwas Besonderes zu sein – alles sehr ahrimanische Eigenschaften –, in die Falle getappt. »Wir sind die Auserwählten, wir sind gottgleich. Wir sind hier, um alles zu besitzen, jeden zu kontrollieren und zu beherrschen.« Das betrifft nicht nur die Juden am Anfang des Zweiten Weltkriegs, Millionen gehen auch heute noch in die gleiche Falle: die echten Nazis, die modernen Neonazis, Tyrannen, Kontrollfreaks, trickreiche Geschäftsleute, falsche Propheten, korrupte Gesetzgeber und so weiter.

Sich mit der Kontrolle auseinanderzusetzen ist schmerzhaft, denn es bedeutet, daß man sich der Niederträchtigkeit stellen muß. Ich erkannte, wie schon andere vor mir, zum Beispiel Rudolph Steiner, daß die ahrimanische Bodenkontrolle, die uns Tag für Tag im Griff hat, die dunkle, luziferische Kontrolle der erdnahen ätherischen Kräfte widerspiegelt und umgekehrt. Ich werde später noch näher darauf eingehen, aber im Augenblick möchte ich, daß Sie sich das wie folgt vorstellen: Jeder, der anständig oder gutmütig ist, treibt automatisch von der irdischen Ebene weg, sobald er gestorben ist – er haftet nicht an materiellen Dingen, braucht keine Kontrolle. Er findet sich in einer spirituellen Welt wieder, die seine Wärme, Offenheit, Liebe und Güte widerspiegelt. Seine spirituelle Natur führt ihn im Augenblick des Todes von der irdischen Ebene weg. Die Tyrannen jedoch, die religiösen Kontrollfreaks, die »Auserwählten«, stecken fest und kommen nicht weg. Im Laufe der Jahrzehnte hat sich nach und nach ein dunkler Ring gebildet, der uns umgibt, so etwas wie Nazischlacken, die sich am Boden der spirituellen Klärgrube der menschlichen Evolution absetzen. Je mehr Schlacken sich in der nahen ätherischen Ebene ansammeln, desto schwerer wird es für gewöhnliche Menschen, nach dem Tod wegzukommen – die Schlinge wird enger gezogen.

Liebe befreit. Menschen zu lieben heißt, ihnen Freiheit zu gewähren; sie zu kontrollieren ist teuflisch und einengend. Wir brauchen die Liebe so sehr. Ohne sie sitzen wir in der Falle. Unterdessen werden wir hier auf dem Boden immer weiter von der Kontrolle vereinnahmt. Es ist ein Angriff von zwei Seiten: Man kann ihn von der Tribüne aus oder vom Himmel aus beobachten. Es ist dasselbe Spiel. Es wird von denselben Leuten

gespielt. Wie oben, so unten. Klingeling! Als ich das heraus-
fand, wobei ich eine Menge Hilfe aus der anderen Welt bekam,
rastete ich aus.

**DIE MENSCHEN WISSEN, WAS PASSIERT,
UND WOLLEN ES NICHT WAHRHABEN.
VORGETÄUSCHTE NAIVITÄT IST EINE FORM
DES LEUGNENS.**

Öffentlich zugängliche Aufzeichnungen belegen, daß bestimmte Personengruppen wirtschaftliche, politische oder gesetzli-
che Gewalt über die Menschheit gewonnen haben. Überlegen
Sie einmal, wie sich politische Spenden auf die Gesetzgebung
auswirken. Oder beobachten Sie, auf welche Weise zwielichti-
ge Anwälte und fragwürdige Richter Recht sprechen. Jeder
scheint damit beschäftigt zu sein, etwas zu kontrollieren. Die
mächtigen arabischen Familien kontrollieren die Ölproduktion.
Jüdische Familien kontrollieren Hollywood und einen Großteil
der westlichen Medien; sie besitzen auch das Monopol für den
Gold- und Diamantenhandel und kontrollieren die Finanzmärkte über die Federal Reserve, die das Drucken der bedeutend-
sten Währung der Welt, des US-Dollars, steuert und davon
profitiert. Es ist die Federal Reserve, die den amerikanischen
Arbeiter versklavt. Verwechseln Sie jetzt bitte nicht gewöhnliche Juden, die genauso gut oder böse sind wie alle anderen
Menschen auch, mit den Familien, die die Kontrolle haben.
Dasselbe gilt für gewöhnliche Christen und die Kontrolle aus-
übende Elite der christlichen Welt. Es geht dabei nicht um
Rassismus oder Religion, es geht um den Unterschied zwischen gewöhnlichen Menschen und der kontrollierenden Eli-

te, egal ob es sich dabei um Araber, Juden oder die britische Aristokratie handelt.

Das Spiel, das die Elite spielt, heißt Plünderung und Kontrolle. Ein enorm mächtiger, nicht gewählter Rat, dessen Mitglieder keiner bestimmten Glaubensrichtung oder Rasse angehören, wurde dazu ernannt, Europa zu regieren. Die Etablierung eines europäischen Superstaates, der von einem obersten Rat regiert wird, war ein Plan Adolf Hitlers, an dem ihm viel lag. Es ist ein Nazikonzept, über das er im Jahr 1924 in *Mein Kampf* schrieb. Es hat 70 Jahre gedauert, bis es verwirklicht wurde, aber der faschistische Ring, der uns umgibt, wird immer stärker, und nach und nach werden alle Ideen Hitlers in die Gesetzgebung einfließen. Hitler ging nirgendwo hin. Er und seine Anhänger sind ganz in unserer Nähe, in der ätherischen Ebene, und leben dort weiter. Hitlers Ideale sind nie weiter als ein paar Zentimeter von Ihrem linken oder rechten Ohr entfernt.

Wählen Sie, was Ihnen lieber ist. Sie können sich für das Licht oder die Dunkelheit entscheiden. Die Dunkelheit ist meiner Ansicht nach ungemütlich nahe. Das Licht entfernt sich immer weiter, weil es die Liebe sucht, denn die Liebe macht frei. Das äußert sich darin, daß die Dunkelheit sich mit den dämonischen Wesen der irdischen Ebene verbindet und das Licht sich allmählich entfernt, so daß wir ätherisch von der dunklen Schlacke umgeben bleiben – traurig, aber wahr.

Wenn man sich weiter umsieht, entdeckt man, daß sich diverse Despoten Teile von Afrika, Asien und des Nahen Ostens unter den Nagel gerissen haben und diese wie private Lehnsgüter verwalten – zum Beispiel Singapur und Kuwait. Der Welthandel wird durch diverse Abkommen (NAFTA, GATT und so weiter) beherrscht und reguliert, die dazu geführt haben, daß die westlichen Arbeitnehmer arbeitslos und die multinationalen Konzerne immer reicher werden. Die Versorgung mit Medikamenten wird von einer Handvoll Pharmaunternehmen kontrolliert, und die Ärzte erhalten strenge Anweisungen, welche Arzneimittel sie bei welchen Leiden verschreiben müssen. Wenn ein Arzt nicht das empfohlene Präparat verschreibt, kann es sein, daß er vor die Gesundheitsbehörde zitiert wird und sein Handeln rechtfertigen muß. Es ist für einen Arzt sehr gefährlich und karriereschädlich, von den Vorgaben der Pharmaindustrie abzuweichen. Er kann das gelegentlich tun, sollte dann aber besser eine gute Erklärung parat haben. Wenn er es öfter als ein- bis zweimal macht, ist seine Karriere vorbei. Das ist nicht gerade ein Anreiz für einen Arzt, sich auf sein eigenes Urteilsvermögen zu verlassen. ›Genehmigte‹ Medikamente zu verteilen ist der sicherste Weg.

Das gesamte menschliche Handeln wird kontrolliert. Nur die Älteren unter uns erinnern sich noch daran, wie frei man früher lebte. Vor dem Krieg gab es weniger Gesetze und niedrigere Steuern, und unsere Wirtschaftssysteme waren zwar bescheidener und ärmer, aber die Menschen standen weit weniger unter Druck. Wenn man einen britischen Reisepaß besaß, konnte man überall auf der Welt leben, es gab keine Visa oder Einwanderungsbeschränkungen. Es gab auch keinen Polizeistaat, zumindest nicht in der westlichen Welt, und es gab keine elektronische Überwachung oder zwei Millionen Überwachungskameras, mit denen die Bevölkerung beobachtet wird, so wie heute in Großbritannien. Ein Engländer, der seinen alltäglichen Aktivitäten nachgeht, wird ungefähr zwölf-

mal pro Tag von den staatlichen Überwachungskameras regi-
striert. Wie Sie sehen, geht es hier nicht um Rassismus oder
Religion, es geht um die Herrschaft über die Menschheit.

Seit dem Krieg hat die Weltbevölkerung zahlenmäßig zugenommen, und da es immer mehr und mehr unumschränkte
Macht und Kontrolle gab, brachte die Welt natürlich auch mehr
Tyrannen hervor, die seit ihrem Tod in der nahen ätherischen
Welt festsitzen. Teils hat es also mit der angewachsenen Be-
völkerungszahl zu tun und teils damit, daß die unterschwelli-
ge Tyrannei heute viel häufiger vorkommt. Die dunklen Mächte, die sich in der nahen ätherischen Ebene entwickelt haben,
stehen zwischen uns und den spirituellen Welten, zwischen
uns und Gott. Sie sind inzwischen sehr stark. Sie lassen Sie
nicht durch. Sie möchten Sie spirituell gefangennehmen und
nie mehr freilassen.

Wenn man gewöhnlichen Menschen erzählt, daß die Menschheit geistig sehr stark von einer faschistisch orientierten
transdimensionalen Ebene beeinflußt wird, dann halten sie
einen wahrscheinlich für ziemlich verrückt. Oder die Gedankenpolizei taucht auf und flüstert ihnen als Wahrheit getarnte
Lügen zu, beschwört, daß es so etwas nicht gebe. Aber gewöhnliche Menschen, selbst wenn sie gebildet sind, haben
üblicherweise fast überhaupt kein Wahrnehmungsvermögen.
Sie verfügen über Wissen und Fakten und Lebenserfahrung,
aber sie glauben nicht wirklich an eine außersinnliche Welt.
Es paßt ihnen in den Kram, zu sagen, daß sie nicht existiert.
Es ist sicherer, als wenn sie zugäben, daß sie existierte, denn
dann müßten sie ihre fadenscheinigen Überzeugungen hinter-
fragen. Sie werden sich also blind stellen. Sie werden sich
über die Vorstellung von einer ätherischen Welt lustig ma-

chen. Sie wurden darauf programmiert, die Existenz der realen feisten Aufseher zu leugnen (oder zu akzeptieren). Klingeling!

Selbst medial veranlagte und sensitive Menschen, die andere beraten und unterstützen, haben oft nur eine sehr rudimentäre Vorstellung von der wahren Natur dieser transdimensionalen Welten. Nur sehr wenige begreifen, woher diese Gedanken kommen – sie glauben, daß ihr ganzes Denken von ihnen selbst erzeugt wird. Naivität ist oft eine Form des Leugnens.

Der Einfluß von oben ist um so vieles größer, als wir uns das je vorgestellt haben. Außerdem ist die Tatsache bestürzend, daß die UFOs und die Transdimensionalen um diesen Planeten herum von Menschen, die während des Krieges umkamen, und von allen Tyrannen, die seither gestorben sind, am Leben erhalten und gestärkt werden. Die Seelen dieser Toten existieren in einer nahen ätherischen Hölle weiter, die ein wesentlicher Bestandteil der spirituellen Schlinge ist, die sich immer enger um die Erde legt.

Ich weiß, daß diese Aussage vielleicht seltsam klingt, aber wie schon erwähnt, studiere ich die ätherischen Welten seit 25 Jahren und berichte nur von Dingen, die ich persönlich immer und immer wieder erlebt habe. Ich habe seither auch andere entsprechend unterrichtet. Wenn ich über etwas spreche, was ich nicht selbst erlebt habe, oder etwas, dessen ich mir nicht sicher bin, dann bin ich vorsichtig und biete es nur als eine Idee an, über die man eventuell nachdenken sollte. Ich führe es nicht als Tatsache an. Doch ich kann mit Sicherheit sagen, daß der Himmel um uns herum voll von UFOs und Transdimensionalen ist, Zehntausenden davon, vielleicht sogar mehr, und daß sie sowohl mit den feisten Aufsehern am

Boden als auch mit den Seelen der auf der ätherischen Ebene gefangenen Toten verbunden sind. Wie diese Allianz in diesem Konstrukt der Sphäre tatsächlich funktioniert, kann ich nicht genau sagen. Ihr Wesen offenbart sich mir erst nach und nach – und vergessen Sie nicht, die tun ihr Bestes, um es zu verbergen. Die feisten Aufseher am Boden versuchen ebenfalls, alles zu verbergen oder zu verschleiern. Das ganze System funktioniert auf diese Weise.

Das erste Mal sah ich die Himmelsmenschen, wie ich sie nenne, im Herbst 1999. Ein schwertförmiger Kondensstreifen erschien am Himmel. Seltsam daran war, daß der Kondensstreifen ziemlich nahe am Boden war; er befand sich nicht in der Höhe, in der man normalerweise die Kondensstreifen eines vorbeifliegenden Flugzeuges sieht. Ich hörte auch kein Flugzeug über mir. Äußerst seltsam war außerdem, daß sich der Kondensstreifen nicht auflöste oder vom Wind zerrissen wurde. Er verharrte über einer Hügelkette in etwa 3000 Meter Höhe und veränderte seine Form nicht. Es war, als wäre er dort irgendwie festgemacht.

Es war ein sonniger Tag mit ein paar vereinzelten Wolken. Am Ende des Schwertgriffs bildete sich allmählich ein riesiges Gesicht. Zuerst dachte ich, es wäre nur eines dieser Wolkengesichter, doch während die wenigen zarten Wolken über den Himmel fegten, blieb das Gesicht unverändert. Ich war mit einer Gruppe von Freunden auf dem Land unterwegs. Neun von uns sahen das Gesicht, zwei weigerten sich hochzusehen, weil sie Angst davor hatten.

Das Gesicht starrte auf uns herab, blickte dann in Richtung eines nahe gelegenen Sees und schließlich wieder auf uns. Es hatte die Gesichtszüge eines Menschen aus dem Nahen Osten und trug eine dunkle Hornbrille, was sehr seltsam war. Nach einer Weile begann sich das Gesicht, das die Größe eines Wohnblocks hatte, zu verwandeln, nahm andere Züge an. Aus dem ursprünglichen Gesicht mit der Hornbrille wurde ein Skinhead – der typische städtische Extremist. Dann verwandelte es sich in einen anderen Mann, eine Art Stammesführer, dann in eine Frau, vielleicht seine Königin; sie war ähnlich gekleidet wie er. Durch die Kappe, die sie trug, wirkte sie geheimnisvoll. Zu ihrer Rechten erschien ein weiteres Bild, und im Laufe von sechs Stunden tauchten mehr und mehr Gesichter auf, insgesamt ungefähr fünfzig. Einige wirkten jüdisch. Einige waren städtische Skinheads. Einer war ein keltisch aussehender Mann auf einem Thron; er hielt einen Stab in seiner Hand, und es wirkte, als würde er es genießen, über andere zu herrschen.

Die unheimlichen Gesichter am Himmel waren lebendig; die Köpfe und Augen bewegten sich hin und her. Es war schwer zu sagen, was sie ausdrückten. Die Gesichter waren jedenfalls nicht freundlich. Sie blickten voller Verachtung auf uns herab, beobachteten uns einfach. Das war eines der verrücktesten transdimensionalen Erlebnisse, die ich je hatte. Diese Erfahrung schien mir sagen zu wollen: »He, schau nach oben! Da ist etwas über dir, was du bisher noch nicht gesehen hast, und beeinflußt dich.«

Aber die Beeinflussung kommt nicht nur von oben. Mir wurde schließlich klar, daß sie überall um uns herum ist. Ein paar Wochen nach dem Vorfall mit den Himmelsmenschen sah ich dieselben Gesichter, aber sehr viel kleiner, in und um eine gute Freundin von mir. Wir standen um neun Uhr morgens in ihrem Wohnzimmer und plauderten. Die Gesichter schwebten klar und deutlich um sie herum. Es waren genau dieselben Gesichter, die wir zuvor gesehen hatten. Das war wirklich seltsam.

Dann passierte etwas völlig Bizarres, was ich schon weiter vorn erwähnt habe: Auf einer leeren Wand im Wohnzimmer tauchte eine mysteriöse Videopräsentation auf. Der Bildschirm hatte ungefähr die Größe eines großen Fernsehers und wakkelte herum, nach oben und unten, nach links und rechts – er war anfangs etwas instabil. Der Film begann in Schwarzweiß, wie die Filme der dreißiger Jahre, dann ging er in bräunliches Sepia über, und nach ein paar Minuten nahm er richtige Farben an. Die Farbe war aber nicht so leuchtend, beinahe schon grell, wie wir sie von modernen Filmen kennen; dieses Video war nur leicht gefärbt. Die Grüntöne waren nicht sehr kräftig, und es gab nur wenig Rot und Gelb, obwohl ich mich an eine Szene mit Lavendel erinnere, dessen Blüten leicht violett gefärbt waren.

Wie eine Videopräsentation ohne einen Projektor oder Monitor auf der Wand eines Hauses in einem Londoner Vorort auftaucht, ist mir völlig schleierhaft. Meine Freundin (die ich hier Sally nenne, weil ich glaube, daß sie nicht möchte, daß ihr richtiger Name genannt wird) und ich schauten uns den Film an, der auf mysteriöse Weise an der Wand auftauchte, er lief etwa 45 Minuten lang. Währenddessen spürten wir in unserem Nabelbereich ein Ziehen, von dem uns leicht übel wurde. Das erinnerte mich an den Schriftsteller Carlos Castaneda, der in einem seiner Bücher erwähnt, daß unsere ›Aufmerksamkeit‹ an unserem Nabel zieht. Es war sehr anstrengend, den Film anzuschauen; man mußte sich stark konzentrieren.

Ich sah einen Film über eine Katze in einem Wald, die erstaunliche Kunststücke vollführte. Sie kämpfte mit anderen Tieren. Von Zeit zu Zeit tauchten in einer Szene Menschen auf, die ein paar Sekunden später wieder verschwanden. Alle paar Minuten bewegte sich die Kamera, wenn man das so nennen kann, eine sehr hohe Kiefer hinauf. Die Kamerareinstellung war dabei so gewählt, daß man den Eindruck hatte, die Kamera sei nur etwa fünfzehn Zentimeter oder so vom Baumstamm entfernt. Während sie sich schnell den Baumstamm hochbewegte, wurde mir, wie ich mich erinnere, leicht flau im Magen – für große Höhen habe ich nicht viel übrig. Auf dem Wipfel jedes Baumes hörte ich in meinem Geist die Worte: »Schau zu den Sternen hoch! Schau zu den Sternen hoch!« Die Anweisungen waren äußerst hartnäckig: »Schau zu den Sternen hoch!«
Als ich hochblickte, sah ich nur den blauen Himmel – und die Gesichter der unheimlichen Himmelsmenschen. Sie waren überall. Ich versuchte, die Sterne zu erblicken, aber ich sah keine. Da oben waren nur Gesichter. Die Kamera bewegte sich dann den Baum hinunter und zeigte wieder die Katze. Einen Augenblick später bewegte sie sich wieder an einer Kiefer nach oben. Ich hörte wieder: »Schau zu den Sternen hoch!« Ich konnte keine Sterne sehen, nur Himmelsmenschen. Siebenunddreißigmal in ungefähr 45 Minuten führte mich die Kamera einen Baum hoch und wieder nach unten. Ich verstand es nicht; es war frustrierend. Außerdem fühlte ich mich dabei unwohl.
»Wo sind die Sterne?« fragte ich. Ich konnte sie nicht sehen. Schließlich wurde mir klar, daß das der Sinn der Übung war. Der Film sagte, du kannst die Sterne nicht sehen, weil die faschistoiden Himmelsmenschen den Himmel kontrollieren. Sie

stehen zwischen dir und den Sternen. Die Sterne haben etwas mit dem Körper Christi zu tun; sie verkörpern unsere Sehnsucht nach der Ewigkeit, repräsentieren Gott. Wenn Sie im Freien unter den Sternen schlafen, kommen Sie Gott näher.

Seltsam war auch, daß meine Freundin Sally, die denselben Bereich der Wohnzimmerwand beobachtete, ein ganz anderes Video sah. Sie konnte weder sehen, was ich sah, noch hörte sie die Worte: »Schau zu den Sternen hoch!« Sie hatte keine Ahnung, was ich sah, und ich wiederum konnte ihren Film nicht sehen. Sie sah einen 45 Minuten langen Film über Industriearbeiter, Einschränkung und Kontrolle sowie über die NASA. Seit damals hat sie mehrere solcher Videos gesehen, ich nur noch eines. Es tauchte auf einer Wand in einem Hotel in New Orleans auf. Im Vergleich zum ersten war es kurz; es dauerte höchstens ein paar Minuten. Außerdem tat sich nicht viel, ich sah nur ein paar Wildtiere, Giraffen, Zebras, Löwen und so weiter, die gemächlich über eine sonnige Wiese, die an Afrika erinnerte, streiften. Die Tiere wirkten sehr natürlich, zufrieden und frei.

Ich habe die Himmelsmenschen seither an anderen Orten gesehen, aber nie mehr so klar wie beim ersten Mal anläßlich jenes Spaziergangs auf dem Land im September 1999. Die Himmelsmenschen sind gefangene Seelen von Toten: jenen, die dunkle oder elitäre Tendenzen aufwiesen, als sie starben; Menschen ohne jegliche Güte oder Freundlichkeit, die bis zu ihrem Tod an der Überzeugung festhielten, etwas ganz Besonderes zu sein.

Ich möchte ausdrücklich darauf hinweisen, daß es sich bei den Himmelsmenschen keinesfalls nur um Juden handelt. Viele moderne Juden sind ganz eindeutig so liberal und spirituell wie andere auch. Der Großteil der Juden aus der Zeit des Zweiten Weltkriegs wurde, wie schon erwähnt, wahrscheinlich in der ätherischen Ebene gefangen, weil sie Ideale verfolgten, die denen ihrer Feinde glichen, und sich als Elite fühlten. Doch die Dinge verändern sich im normalen Alltag, und genauso wie Deutsche und Italiener heute viel liberaler und spiritueller sind als ihre faschistischen Vorfahren während des Krieges, so sind es auch Juden. Trotz der Kontrolle entwickeln sich die Menschen weiter.

Behalten Sie die Himmelsmenschen im Hinterkopf, und lassen Sie uns noch einmal zu den UFOs und zur Desinformation zurückkehren. In der ganzen UFO-Forschung wimmelt es von Typen, die uns mit Desinformationen versorgen. Einige von ihnen meinen es gut und werden selbst mit falschen ›Insider‹-Informationen, die sie wortgetreu wiederholen, an der Nase herumgeführt. Linda Moulton Howe, die UFO- und Kornkreisforscherin, ist eine von diesen Personen; sie meint es gut, hat aber keine Ahnung. Forscher und Autoren wetteifern darum, derjenige zu sein, der gerade die heißesten Insider-Informationen hat. Natürlich fallen sie manchmal auf eine Geschichte herein, die authentisch klingt, aber aus einer Quelle der Desinformation stammt. Die meisten Forscher geben zu, daß man ehrlich sagen kann, daß sie nach 50 Jahren der UFO-Forschung kein bißchen klüger sind. Alles ist noch immer sehr schleierhaft und mysteriös. Der Grund dafür ist, daß es genau so geplant ist. Schmücken Sie den ganzen Mist mit ein paar Fakten aus, bestätigen Sie nichts, bestreiten Sie alles, und Sie kontrollieren die Situation bis in alle Ewigkeit.
Die wirklich Mächtigen an der Spitze wollen nicht, daß Sie

wissen, worum es bei den UFOs tatsächlich geht. Wenn Sie nämlich die UFOs in der Luft durchschauen, dann werden Sie irgendwann auch herausfinden, wie dämonisch die ›Boten der Täuschung‹ hier auf der Erde sind. Klingeling! Aufwachen! Sind Sie erst wach, dann werden Sie anfangen, darüber nachzudenken, wer hier auf der Erde wirklich das Sagen hat und nur so tut, als wäre dem nicht so.

Da die UFOs die normale militärische Macht eher unterminieren, weil sie Hightech-Fluggeräte haben und in unserem vermeintlich geschützten Luftraum tun, was sie wollen, sind sie nicht gut für die Moral. Die erste Reaktion ist deshalb immer Leugnen. Die zweite Reaktion besteht üblicherweise darin, Desinformationen zu verbreiten: Ballons, Sternschnuppen, Satelliten, die wieder in die Erdatmosphäre eintreten, etc. pp. Damit läßt sich vielleicht ein kleiner Teil dessen, was die Menschen sehen, erklären, der weit größere jedoch nicht. Die dritte Reaktion ist Propaganda – man stellt jeden, der nach der Wahrheit sucht, als Spinner oder Anarchisten hin.

Die meisten UFOs können, sobald sie sich in die wärmeren Bereiche des Farbspektrums begeben, vom Radar erfaßt werden. Überwachungssysteme wie NORAD ignorieren sie einfach, weil sie ohnehin nichts tun können. Abfangjäger werden ihnen hinterhergeschickt, aber die UFOs sausen ihnen einfach davon, oder die Militärflugzeuge gehen beim Einsatz drauf. Ein paar ehrliche Militärangehörige kennen vielleicht die Wahrheit, aber sie erhalten von ganz oben den Befehl, zu schweigen, um die Vorstellung, daß der Luftraum ungefährdet ist, zu wahren.

Sie können der Sache auf den Grund gehen, indem Sie die Weisheiten, die man uns eintrichtert, ins Gegenteil verkehren. Offiziell existieren UFOs nicht. Das sagt Ihnen, daß sie existieren müssen. Halboffiziell existieren sie zwar, aber man redet uns ein, daß sie selten auftauchen und gutmütig sind: »E.T. nach Hause« und ähnlich sentimentaler Blödsinn. Auf einer noch weniger offiziellen Ebene werden Militärangehörige zitiert, die im geheimen gesagt haben sollen, daß UFOs existieren, daß sie sehr selten vorkommen und uns freundlich gesinnt sind, außerdem daß es sich dabei um feste Raumschiffe von anderen Planeten oder Sternensystemen handelt. Ist das nicht interessant? Sie scheinen hier zu sein, um uns in irgendeiner Weise zu helfen, wie zum Beispiel Colonel Corsos lächerliche Geschichte über ›technologische Geschenke aus dem Weltraum‹ belegen soll. Das Gegenteil davon stimmt, nämlich, daß sie weder selten vorkommen noch gutmütig sind, daß es sich nicht um feste Raumschiffe von anderen Planeten handelt und daß es keine Beweise dafür gibt, daß sie uns in irgendeiner Weise helfen. Es ist genau umgekehrt.

Es braucht nicht viel, um einen Mythos jahrzehntelang aufrechtzuerhalten. Nehmen wir Bob Lazar, einen Helden unter den Ufologen. Er sagt, er habe in der Area 51 gearbeitet. Er war offiziell in den Sandia Labs in Los Alamos, New Mexico, beschäftigt, wo er sich, wie er sagt, langweilte. Also schrieb er dem berühmtesten Physiker der Welt, Edward Teller, und bat ihn um einen neuen Job. Bruder Edward hat buschige Augenbrauen und eine ausgesprochen unheimliche Ausstrahlung; man kennt ihn als den Vater der Wasserstoffbombe. Klingeling! Teller antwortete Lazar – einem Mann, den er nicht kannte – und schlug ihm vor, einen Job in der Area 51 anzunehmen, was Teller für ihn arrangierte, wie es heißt. Wie bitte? Was geht hier vor? Glauben die, wir sind völlige Idioten? Offenbar tun sie das. Was kommt als nächstes?

Bob Lazar arbeitete also in der Area 51, wo er angeblich ein Antriebssystem eines UFOs, das sich im Besitz der amerikanischen Air Force befand, durch »Reverse Engineering«, Rekonstruktion durch Dekonstruktion, rekonstruiert. »Es wird von einem unbekannten Stoff, den wir Element 115 nennen, angetrieben«, sagte Bob. Element 115 kann, laut Bob, Raum und Zeit krümmen, so daß ein UFO blitzschnell in ein anderes Sternensystem transportiert wird. (Möge die Macht mit dir sein, Bob, aber das ist das dümmste Geschwätz, das wir je gehört haben. Netter Versuch.) Bob sagte weiter, in der Area 51 seien eine ganze Reihe von festen UFOs abgestellt, aber an diesen habe er nicht gearbeitet. Nach einer Weile langweilte Bob das, was für andere die interessanteste wissenschaftliche Tätigkeit überhaupt wäre, und kündigte. Dann beschloß er, auszupacken und sein Leben sowie Tellers Ruf aufs Spiel zu setzen. Lazar berichtete, daß die US Air Force in der Area 51 ihre eigenen fliegenden UFOs habe und daß jeder, der das prüfen wolle, nur zum schwarzen Briefkasten am ›außerirdischen Highway‹ in Nevada fahren müsse. Dort könne man an bestimmten Abenden der Woche zu einer genau festgelegten Zeit (es ist nicht höflich, die Presse warten zu lassen) die amerikanischen UFOs filmen, die im Testflug in einiger Entfernung über eine Bergkette flögen. Mann, das waren ja gute Neuigkeiten.

Das japanische Fernsehen tauchte zusammen mit anderen Forschern auf, und die amerikanische UFO-Parade wurde, wie beabsichtigt, schön langsam zu einem Volksmärchen. Glauben Sie, daß die USA, so sie denn wirklich reale UFOs hätten, diese regelmäßig um zwanzig Uhr dreißig, jeden Mittwochabend, zur Schau stellen würden, damit die Menschen sie fotografieren könnten? Haben sie das jemals mit einem ihrer anderen militärischen Projekte getan? Ich glaube das nicht. Klingeling! Aufwachen. Was geht hier vor? Desinformation.

Bruder Bob lebt jetzt, nachdem er die Area 51 verlassen und das vermutlich größte Geheimnis aller Zeiten ausgeplaudert hat, weiterhin in dieser Gegend und erscheint regelmäßig im Fernsehen. Was hat das Militär unternommen? Nichts. Wurde er verhaftet? Nein, wurde er nicht. Er behauptet, man habe auf ihn geschossen, aber selbst das klingt nicht glaubwürdig. Die Sicherheitskräfte haben sicher nicht auf ihn geschossen, denn die schießen nicht daneben. Selbstmord, einmotorige Flugzeuge, die abstürzen und Überdosen nicht nachweisbarer Medikamente (Insulin), die für einen Leichenbeschauer nach einem Herzinfarkt aussehen, sind die bevorzugten Entsorgungsmaßnahmen. Man muß dem Militär schon einen gewissen Grad an Respekt erweisen. Ihr Geschäft ist es, Menschen zu töten; ein paar willkürliche Schüsse auf das Auto eines Dissidenten auf der Autobahn abzufeuern ist nicht die Art und Weise, wie das Militär operiert. Nein. Ich glaube, Lazars Behauptung, daß auf ihn geschossen wurde, ist Teil seiner wohldurchdachten Geschichte. Oder vielleicht war jemand, der mit der Area 51 überhaupt nichts zu tun hat, vielleicht eine Ex, stinksauer auf Bruder Bob.

Ein paar kleine Angestellte der Area 51 traten später im Fernsehen auf und bestätigten die UFO-Geschichte. Sie erzählten, daß sie kleine Graue mit hervorquellenden Augen Seite an Seite mit amerikanischen Soldaten in dieser Anlage in Nevada hätten arbeiten sehen. Diese Angestellten gerieten gleichfalls nicht in Schwierigkeiten. Scheinbar ist es dem amerikanischen Militär egal, wer seine kostbaren Geheimnisse ausplaudert, und jeder kommt ungeschoren davon. Wieder einmal: Klingeling! Das kann doch nicht sein, oder? Dazu kann ich nur sagen: Klingeling!

Nur so zum Spaß: Was ist das Gegenteil von Bob Lazars Geschichte? Erstens würde ich vermuten, daß die Amerikaner, wenn sie denn eigene UFOs hätten, diese weder vor dcm japanischen Fernsehen noch gar zu einer vorher festgelegten Zeit und an einem bestimmten Ort testen würden. Zweitens würde ich annehmen, daß Bob und die anderen Plaudertaschen tot wären oder im Gefängnis säßen. Drittens wissen wir, daß es, wenn es ein Element 115 gäbe, sehr instabil wäre – es würde in weniger als dem Bruchteil einer Sekunde zerfallen. Wie soll ein von den Amerikanern gebautes UFO in Nevada das Element 115 einsetzen und lange genug in der Luft bleiben, daß die Fernsehleute einen guten Blick darauf werfen können? Das ist Schwachsinn.

Alles, was Bob sagt, hat irgendwer irgendwo autorisiert. Vielleicht hat er gar nie in der Area 51 gearbeitet, oder er hat dort gearbeitet, aber nicht in der Funktion, die er angibt. Es geht darum, ein kleines bißchen Wahrheit in diesen ganzen Mist einzuflechten. Von welcher Seite man Lazars Geschichte auch betrachtet, sie ist nicht stichhaltig. Aber – welch eine Überraschung! – sie wird in jeder Fernsehsendung über UFOs als absolute Wahrheit dargeboten.

Roswell, Blue Book, Majestic 12, Lazar und die anderen Mythen zeigen alle in ein und dieselbe Richtung. Vallée, der einzige, der in die andere Richtung zeigte, hat sich aus der UFO-Szene zurückgezogen. Die ›konstruierten‹ Geschichten behaupten, daß UFOs aus dem Weltraum stammen, doch es gibt keine Beweise dafür. Ebenfalls versucht man, uns einzureden, daß es sich um Raumschiffe aus fester Materie handelt. Aber selbst nach 50 Jahren gibt es keine glaubwürdigen Beweise dafür, obwohl es ein paar Indizien dafür gibt, wenn man die Geschichte von Lonnie Zamora glaubt (er war Polizist, was ihn etwas glaubwürdiger machen sollte). Das heißt nicht, daß Zamora log, es heißt nur, daß er ausgewählt wurde, das UFO am Boden zu sehen, so daß seine Geschichte dann als Wahrheit in die volkstümliche Überlieferung eingehen konnte.

Wie ich schon erwähnt habe, besagt der Mythos, daß die Amerikaner ihre eigenen UFOs haben und daß UFOs im allgemeinen gutartig sind. Daß die Amerikaner ihre eigenen UFOs haben, wenn UFOs kommen, die uns nicht wohlgesinnt sind, ist natürlich praktisch. Dann können die Amis ihre UFOs hochschicken, um die Bösen zu verjagen, so daß die Außerirdischen nicht in die ›Heimat der Tapferen‹* eindringen können. Sehen Sie, wie dieses Spiel gespielt wird? Es gibt 115 Ebenen von Schwachsinn. In beinahe jedem UFO-Buch, das man in die Hand nimmt, findet man Lazars Geschichte zusammen mit anderen UFO-Klassikern, und keiner fragt jemals: »Wie blöd bin ich eigentlich?« Die Menschen verschlingen diese Geschichten, ohne sie jemals in Frage zu stellen. Ich frage mich, wer diese Bücher schreibt und warum.

Man kommt aber immer wieder darauf zurück, daß sich die UFOs und die Menschen, die hier am Boden die Kontrolle haben, völlig gleichen. Keiner will, daß Sie wissen, was vorgeht. Ich habe lange gebraucht, um die Vorstellung von diesen Himmelsmenschen zu akzeptieren, vor allem weil das, was ich

---

* Passage aus der amerikanischen Nationalhymne – Anm. d. Übers.

gesehen habe, mir auf allegorische Weise ihre Kontrolle beschrieben hat. Die Himmelsmenschen sind nur wenige Zentimeter von Ihnen entfernt und befinden sich in Ihremätheri-
schen Körper eindeutig auf der linken Seite, das heißt, sie
sind teuflisch. Was sie mit den feisten Aufsehern gemeinsam
haben, sind die Habgierigkeit und Lieblosigkeit gegenüber der
Menschheit und der Wille, zu kontrollieren, der auf den
Wunsch nach Unsterblichkeit zurückgeht.

Ich habe immer wieder gesagt: »Nein, nein! Ich will das nicht
wahrhaben.« Doch je mehr ich diese Vorstellung von mir wies,
desto mehr verfolgte sie mich. Ich schaute nach oben und sah
sie. Vielleicht sehen Sie sie noch nicht, weil Sie Ihre Augen
davor verschließen. Aber sobald Sie keine Angst davor haben,
nach oben zu schauen, werden Sie sie sehen. An strahlend
schönen Tagen sind sie schwer zu sehen, so wie man den
ätherischen Körper bei sehr hellem Licht nur schwer sieht.
Wenn es bewölkt ist, sieht man die Himmelsmenschen leichter. Natürlich sind sie in Wirklichkeit nur ein paar Zentimeter
von Ihrem linken oder rechten Ohr entfernt. Die Gesichter am
Himmel sind nur die Erweiterung eines ätherischen Phäno-
mens, das uns umgibt. Wenn Sie gehen, dann geht es mit
Ihnen. Es denkt häufig für Sie, schickt Ihnen faschistisch ge-
prägte Gedanken eines ›Auserwählten‹, der am Himmel dem
Rausch der materiellen Macht, des Geldes, des Ruhms und
der Götter des Ego verfallen ist – den falschen Göttern der
Unsterblichkeit.

Die Faschisten haben sich erfolgreich zwischen Gott und die
Menschen gestellt. Sie sind die teuflischen ätherischen Wesen, die neuen Lagerkommandanten, die tyrannischen Polizisten, die gewalttätigen Väter, die manipulierenden Mütter, die

Gauner und die Parasiten, die sich von der Menschheit ernähren. Es geht dabei um die Anzahl – je mehr starben, desto mehr Macht entstand auf der nahen ätherischen Ebene. Sie können den Lichtstrom behindern, das Licht der Großen Güte (Gott), das durchsickert. Vor allem aber können sie die Fluchtwege abschneiden, auf denen die Menschen bei ihrem Tod versuchen, die irdische Ebene zu verlassen. Es ist jetzt bedeutend schwieriger als noch vor 50 Jahren.

Es ist unmöglich, die Anzahl der Toten in der nahen ätherischen Ebene zu bestimmen. Mit der Unterstützung von Helfern wurden 60.000 UFOs in der Luft ermittelt, eine Zahl, für die Mitte 1999 gilt, daß sie ungenau und recht niedrig angesetzt ist. Ich habe keine Ahnung, ob diese Zahl stimmt oder nicht. Ich weiß auch nicht, ob das die UFOs in der Erde und unter dem Meer einschließt. Außerdem kann man unmöglich sagen, wie viele Transdimensionale es gibt (Graue, Reptilianer, Nordics, Nefilim, Watchers und so weiter). Ich habe bisher nur einen Reptilianer und vielleicht zwanzig Graue gesehen, aber nie mehr als drei Graue auf einmal. Sie sehen alle gleich aus, also kann ich nicht sagen, ob es sich um verschiedene Graue gehandelt hat oder ob es immer wieder dieselben waren.

Als mir ihr erschreckender Einfluß zum ersten Mal bewußt wurde, habe ich resigniert und aufgegeben. Ich konnte mir nicht vorstellen, daß wir ihnen irgendwie beikommen könnten. Die Transdimensionalen flößen den feisten Aufsehern, die überall sind, ihre Gedanken ein. Und die meisten Leute träumen in gewisser Weise davon, ein feister Aufseher zu werden; das gibt ihnen ein Gefühl der Sicherheit. Wenn man sie in eine Uniform steckt, und sei sie noch so unbedeutend, wie etwa die eines Parkraumüberwachers, werden sie im Handumdrehen zu kleinen Nazis.

Ich fragte mich, wie wir uns wehren könnten, wir scheinen so machtlos zu sein. Wir haben so wenige Ressourcen, keine Stimme, keine politische Macht, sehr wenig Geld. Und wenn wir uns wehren, dann bekommen wir es gleich mit der Gedankenpolizei zu tun, die hervorragend darin ist, die Wahrnehmung zu verdrehen, so daß die Tyrannen scheinbar die Opfer sind und nicht umgekehrt. Die Gedankenpolizei kontrolliert die Stimme hier auf der Erde, und jeder, der sich widersetzt, muß sich sowohl gegen die Kontrolle hier auf dieser Ebene als auch gegen den Terror der transdimensionalen Verwaltung über uns wehren. Sie sind nicht gerade begeistert davon, wenn jemand ausplaudert, wie sie uns beherrschen. Auf den ersten Blick haben sie alle Macht, sie sind die Haie, und sie sind gemein und gefährlich, vor allem die Transdimensionalen. Ich habe gesehen, wie sie durch die Wand gehen. Sie können Ihre Gedanken lesen. Sie können Sie lähmen, indem sie die Luft um Sie herum gefrieren lassen, so daß Sie unbeweglich sind. Sie scheinen uns fest im Griff zu haben. Aber sie haben nicht alle Trümpfe in der Hand, denn soviel ich weiß, haben sie schreckliche Angst vor uns. Sie fürchten sich ganz besonders vor jedem, der ihnen die Stirn bieten kann.

Normalerweise sind sie hinter Menschen her, die ihrer Angst nachgeben, und in dieser Situation haben die Transdimensionalen alle Macht. Wenn sie aber auf jemanden treffen, der weiß, was er tut, jemanden, der unerschrocken ist, der sich nicht einschüchtern läßt, dann sieht die Sache plötzlich anders aus. In gewisser Weise sind wir stärker als sie, wir müssen nur daran glauben. Die einzige Möglichkeit, es zu glauben, ist, daß wir uns der Angst stellen und sie überwinden. Ich bin mit meinen Kumpels um drei Uhr morgens durchs Haus gelaufen, wir hatten Samuraischwerter in der Hand und haben die Grauen gejagt. Hatten die Grauen Angst? Ich weiß es nicht, aber sie haben sich auf jeden Fall schnell aus dem Staub gemacht. Da ist plötzlich so ein Kerl, der sich nicht einschüchtern läßt und versucht, ihnen den Schädel abzuschlagen. Wie Sie sehen, besteht das Geheimnis darin, nicht zu erschrecken. Aber es dauert eine Weile, bis man soweit ist, denn man kann nicht ›nicht erschrecken‹, bevor man das Terrortraining nicht absolviert hat. Erst dadurch wird man mutig und stark.

Das Ätherische wahrnehmen? Das können wir. Gedankenlesen? Keine große Sache, können wir. Durch Wände gehen? Kenne ich, habe ich gemacht. Das einzige, was wir nicht können, ist, die Luft erstarren zu lassen, so daß man Menschen bewegungslos macht. Das ist etwas komplizierter. Wir wissen noch nicht so recht, wie das geht. Doch das kommt noch, wir kommen dahinter – wir haben nämlich Helfer, endlich. Wir haben die Hand nach ihnen ausgestreckt, und sobald wir furchtlos waren, konnten sie ihre Hand nach uns ausstrecken. Alles, was sie vorher tun konnten, war, uns zu bedauern. Sie konnten nichts anderes tun. Wir waren zu schwach und zu ängstlich. Sobald die Helfer zu uns durchdringen konnten, hat sich unser Leben drastisch verändert. Wir erkannten, daß wir schneller als die Transdimensionalen sind, und außerdem haben wir diese Sehnsucht in uns. Nachdem wir uns 18 Monate den Grauen gestellt hatten, jagten wir sie aus dem Haus, und sie sind nie mehr zurückgekommen.

Sie sind aber nicht die eigentliche Gefahr – die Grauen und die

UFOs sind nur ein kümmerlicher Haufen –, die echte Gefahr sind das Bewußtsein und das Unterbewußtsein der Menschen, die überall sind: Sie bilden ein Meer aus Bosheit und Kummer. Das löst unglaubliche Verzweiflung in mir aus.

Als ich sagte, daß nur ungefähr fünf Prozent oder so entkommen, habe ich mich auf die heutigen Bedingungen bezogen. Binnen eines Jahrzehnts werden es noch weniger sein; die Türen schließen sich. Es werden nur noch 0,00002 Prozent sein. Also 5.000 in Amerika, 1.000 Großbritannien, 340 in Australien, 80 in Neuseeland – unglaublich wenige. Mit ihren Überwachungsanlagen werden die Haie jeden Ihrer Schritte beobachten können. Das ist genau die Welt, die sie wollen, eine, aus der niemand entkommen kann. Jeder wird sich verbeugen und dem Hai huldigen müssen. Wir werden aufgefordert werden, die von den feisten Aufsehern eingeführten falschen Götter zu akzeptieren, die Gelddrucker, die Geldgeber, Versicherungen, Werbung, Medien, Ruhm, Macht und Glanz; jeder wird am Altar von Babylon beten müssen oder weggehen. Wenn man weggeht, ist man unglaublich einsam. Aber es gibt Gotteskrieger da draußen, und sie sind voller Liebe; sie werden Sie bei Ihrer Ankunft begrüßen. Leider können sie nicht herkommen und Sie abholen, Sie müssen selbst aus dem Gefängnis ausbrechen und sich ihnen anschließen.

Stellen Sie sich vor, Sie schauten sich all den Kram im Fernsehen an und sagten: »Quatsch, ich brauche keinen Porsche, der ist mir zu elitär. Diese schrillen Versace-Klamotten? Die brauche ich auch nicht. Und die verlängerten, multiplen Orgasmen zu 49,90 Euro? Nein, danke. Ein Orgasmus auf einmal tut‹s auch. Wenn mehrere hintereinander daherkommen, dann ist das schön und gut, aber ich bezahle nicht extra dafür. Und übrigens, die Slipeinlagen mit den Flügelchen brauche ich auch nicht. Ich bin ich. Ich bin frei. Wozu brauche ich diesen ganzen Mist?« Es ist sehr schwer, angesichts der allgegenwärtigen Autorität und Programmierung durch die feisten Aufseher zu sagen: »Ihr seid eine Illusion. Tut mir einen Gefallen und verzieht euch!«

Es ist schwer. Menschen haben normalerweise nicht soviel Mut. Sie haben nie das weite Land gesehen; sie wachsen als Drohnen auf. Und häufig sind sie tief in ihrem Inneren unbewußt im Einklang mit den Idealen der Kontrolle und des Drohnendaseins. Sie geben vor, die Freiheit zu lieben und gütig zu sein, aber in Wirklichkeit gefällt es ihnen, andere zu kontrollieren und ihnen Kummer zu bereiten, weil sie sich dadurch bedeutend und sicher fühlen. Jeden Tag verkauft in jeder Sekunde irgendwo ein Mensch für immer seine Seele. Sie werden zu einem weiteren Gefängniswärter, und die Gegenleistung, die sie dafür bekommen, ist die Illusion, scheinbar unsterblich und etwas Besonderes zu sein, Ansehen zu genießen und in der Gesellschaft anderer feister Aufseher sicher zu sein.

Letzten Endes ist das einzige, was uns zur Flucht verhilft, unser Wahrnehmungsvermögen, und das entwickelt sich nur ganz allmählich und in Ihrem Inneren. Schließlich beginnt es, zu Ihnen zu sprechen, und sagt Ihnen, welchen Weg Sie einschlagen sollen. Es sagt Ihnen: Fallen Sie nicht auf Materialismus, Konsumdenken, Faschismus, die UNO, die EU, CNN, ABC, BBC, UPI und all den anderen Mist herein, sondern gehen Sie in die andere Richtung. Begreifen Sie, daß es eine Lüge ist. Schauen Sie sich die kontrollierenden Mächte an, sie sind Papiertiger und völlig machtlos, wenn Sie sich weigern, ihnen

Macht zu verleihen. Der Fall des kommunistischen Rußland ist ein gutes Beispiel dafür.

Müssen Sie sich damit befassen, diese unbedeutenden Tyrannen zu bekämpfen? Nein, das ist die Mühe nicht wert, und außerdem ist es nicht erlaubt. Sie zerstören sich ohnehin selbst. Wir können sie wegen ihrer erbärmlichen Schwäche nur lieben. Wie wollen Sie das System herausfordern? Das hat keinen Sinn. Wenn Sie es herausfordern, müssen Sie es bekämpfen. Seine Schergen werden immer die Oberhand behalten: Ihnen gehören die Medien, sie drucken das Geld, sie bewachen jeden Ausgang – Sie können sie nicht schlagen. Sie sind das Feld, und das Feld läßt Sie nicht zur Öffentlichkeit vordringen, wenn Ihre Botschaft ihm widerspricht. Sie werden zu einer Fernsehsendung eingeladen, und diese wird abgesagt. Sie geben ein Interview, und es wird nie gedruckt. Sie werden gebeten, in einer Radiosendung aufzutreten, und in letzter Minute sagt man Ihnen, es sei etwas dazwischengekommen und Ihr Beitrag werde nicht gesendet. Sie schreiben ein Buch, und es wird nicht veröffentlicht. Sie buchen einen Vortragssaal, und hinter Ihrem Rücken wird jemand versuchen, die Buchung zu stornieren.

Der Autor David Icke hat mir erzählt, das passiere ihm häufig. So riefen Mitglieder der B'nai B'rith an und versuchten, Ickes Auftritte zu verhindern, indem sie die Vermieter des Saals bedrohten. B'nai B'rith und die sogenannte Anti-Defamation League sind eine Art jüdischer Gedankenpolizei. Ihre Aufgabe ist es, Propaganda zu verbreiten und ihren Ansichten widersprechende Meinungen zu eliminieren. Sie mögen Icke nicht, weil er über die jüdischen Familien spricht, die die Welt kontrollieren. Natürlich beleidigt oder diffamiert Icke niemanden.

Die Gedankenpolizei mag einfach nicht, was er verbreitet, und daß sie Verbindung zum israelischen Geheimdienst hat, ist eine bekannte Tatsache. Das ist so, als würde die CIA die Vermieter eines Vortragssaals bedrohen und dazu bringen, Ihren Auftritt abzusagen, weil Sie ein Buch geschrieben haben, in dem steht, Sie finden, Amerika entwickle sich zu einem Polizeistaat.

Verschwörungstheoretiker behaupten, das alles sei ein Komplott der Juden; andere sagen, die Illuminaten oder die Freimaurer steckten dahinter, und manche glauben, die Großunternehmer und Politiker hätten sich verschworen, um alle Bürger zu kontrollieren. Natürlich haben sie das. Andere sagen, Eisenhower habe in den frühen fünfziger Jahren auf dem Luftwaffenstützpunkt Edwards mit den UFOs einen Deal ausgehandelt. Zahllose Bücher sprechen von einer Weltkontrolle durch eine geheime, innere Regierung, deren Ausläufer der Council on Foreign Affairs, die Trilaterale Kommission, der Bohemian Grove, die Bilderberg-Gruppe usw. sind. Einerseits haben die Verschwörungstheoretiker mit allem recht, und andererseits liegen sie völlig daneben.

Das Problem ist, daß keine dieser Verschwörungstheorien jemals wirklich bewiesen wurde. Daß die großen Familien die Welt beherrschen, ist offensichtlich, aber der verschwörerische Hintergrund wurde meiner Ansicht nach nicht bewiesen. Ich glaube nicht, daß es eine Verschwörung gibt, denn die meisten Beteiligten sind nicht gewitzt genug, und die Angehörigen der Machtelite bekämpfen sich noch dazu wie wild untereinander. Ein Hai frißt zuerst einen anderen Hai, bevor er uns unbedeutende Nullen verschlingt – sein Ego fühlt sich gut, wenn er wichtige Haie vertilgt. Vergessen

Sie nicht, diese Typen sind daran gewöhnt, den ganzen Tag kleine Fische wie uns zu fressen; wenn ein wirklich großer Fisch daherkommt, muß ihnen förmlich das Wasser im Mund zusammenlaufen.

Nein, ich glaube nicht, daß es eine Verschwörung gibt. Die Sphäre und das Feld selbst sind die Verschwörung. Sie erlauben niemandem, ihre totale Macht in Frage zu stellen. Das Feld ist mit jedem verbunden. Der Mann beim Radiosender, der Ihre Sendung absagt, handelt auf die Eingebung des Feldes hin, das sich mit seinem Bedürfnis nach Kontrolle und Ausschaltung jeglichen Widerstandes deckt. Es ist unwahrscheinlich, daß er die Leute bei der B‹nai B‹rith kennt, die versuchen, David Ickes Auftritt in Toronto zu verhindern. Diese wiederum stehen in keiner Verbindung zu den Manipulatoren der Finanzmärkte, denen es um ihr eigenes Überleben geht, so wie es dem Hai um sein Überleben geht, wenn er die Robben in der Bucht frißt. Die Verschwörung besteht darin, daß das Feld niemals zulassen wird, daß Sie seine Grenzen, das heißt seine Kontrolle, überschreiten. Um über das Feld hinauszugelangen, muß man sehr mutig und selbstsicher sein.

Es ist nicht so, daß das Feld nur ein paar tausend auf seiner Seite hat, es hat Hunderte von Millionen auf seiner Seite. Jeder, der Ihnen begegnet, ist ein potentieller Agent der Sphäre und seines Feldes. Es ist unmöglich, zu sagen, wer gefangen ist und wer nicht. Man kann aber sagen, daß es kein vom Menschen geschaffenes Feld gibt, das nicht unter der Kontrolle der luziferischen/ahrimanischen Kräfte steht.

Hinzu kommt noch die Gehirnwäsche und Programmierung durch die Schulen, Universitäten, Zeitschriften und Zeitungen. Und dann ist da noch die Meinung der Menschen, die Ihnen unaufhörlich sagen, daß Sie machtlos sind, daß Sie sich dem höheren Wohl unterordnen sollen. Unaufhörlich sagt man Ihnen, daß die Diebe ehrlich und Lügen die Wahrheit sind. Wer entscheidet, was das übergeordnete Wohl ist? Die feisten Aufseher natürlich. Das ist nicht schwer zu erraten.

SIE KÖNNEN DEM FELD NIEMALS ENTKOMMEN, SOLANGE SIE NICHT LOSLASSEN UND DER PROGRAMMIERUNG DEN RÜCKEN KEHREN. ES IST EIN EINSAMER WEG, ABER NOCH SCHLIMMER IST ES, IHN NICHT ZU GEHEN.

Die Weltreligionen stehen zwischen Ihnen und Gott und versuchen, Ihre Spiritualität zu kontrollieren. Die Medien stehen zwischen Ihnen und der Wahrheit. Das Militär steht zwischen Ihnen und dem Frieden. Die Bürokratie steht zwischen Ihnen und der Unabhängigkeit. Die Polizei steht zwischen Ihnen und der Freiheit. Die Politiker stehen zwischen Ihnen und dem Gesetz (und denken sich Kontrollmechanismen aus, um sich selbst zu bereichern). Die Pharmaindustrie steht zwischen Ihnen und der Gesundheit. Es ist ein einziger Kontrolltrip – alles, was man braucht, um eine Hölle auf Erden zu erschaffen. Aber sie können gegen den einzelnen nicht gewinnen, denn die feisten Aufseher sind Drohnen. Wie die Grauen agieren sie gemeinsam, immer zwei, drei oder vier auf einmal. Sie können nicht selbständig denken. Wie Drohnen haben sie einen gemeinsamen Verstand und keinerlei Originalität, wie sie aus einem freien Geist und einem unabhängigen persönlichen Weg entstehen. Sie sind Drohnen, Gefangene der Sphäre. Sie leben in einem geistigen Ghetto und befolgen vorprogrammierte Anweisungen. Daß sie das tun, entspricht dem menschlichen Wunsch, wichtig zu sein. Jeder einzelne befolgt den Unsinn, der ihm eingetrichtert wird, 67 Jahre lang, dann kippt er um und wird Seite an Seite mit anderen Drohnen in der Erde verbuddelt.

Sobald Sie Individualität entwickeln und unabhängig sind, haben Sie keine Angst mehr vor den Haien, und diese können Ihnen nichts mehr anhaben. Es gibt da natürlich eine sehr unangenehme Phase, nämlich, wenn Sie die Lagune verlassen und gleichmütig an den Haien vorbeischwimmen müssen, wobei Sie nur auf sich selbst vertrauen können – mir fiel es alles andere als leicht. Da haben Sie mit einer Menge Angst zu kämpfen, außerdem mit Unsicherheit, Traurigkeit, Hoffnungslosigkeit, Kummer, Resignation und manchmal der Begeisterung darüber, zu wissen, daß Sie hinaus aufs Meer schwimmen und daß es gut möglich ist, daß Sie, weil Sie bisher noch nicht gefressen wurden, auch später nicht gefressen werden. Es ist schwer, aber nicht unmöglich.

Was mich während all dieser Jahre des Schreckens vorwärts getrieben hat, ist die Vorstellung, daß ich die Haie eines Tages hinter mir lassen werde. Wenn ein Mensch es schafft, an ihnen vorbeizuschwimmen, dann werden zwei oder drei weitere folgen, dann vier, dann vierzig und dank ihnen können 100.000 Menschen flüchten. Am Ende stehen die Haie dumm da. Die Menschen können jetzt fliehen, und Sie können einer von ihnen sein.

SIE KÖNNEN DEM FELD NIEMALS ENTKOMMEN, SOLANGE SIE ANGST VOR DEN FEISTEN AUFSEHERN HABEN.

Sie können das Feld erst dann überwinden, wenn Sie sich selbst als etwas sehen, was größer ist als das überlebensgroße Feld. Das ist keine egogesteuerte Großtuerei, es heißt nur, daß man weiß, daß es sich bei diesem ganzen Mist nur um *Maja* – eine große Illusion – handelt. Sie ist jämmerlich, sie hat keine Macht. Die Haie sind machtlos gegenüber einer Robbe oder einem Fisch, der wahre Individualität, wahre Spiritualität, wahre Sehnsucht nach Gott besitzt. Es bedeutet allerdings nicht, daß kleine Fische oder Robben den Hai fressen können, sie können nur an ihm vorbeischwimmen, ohne tödlich verletzt zu werden. Doch der furchterregende Hai ist genaugenommen nur wie eine aufblasbare Puppe, ähnlich denen, die es im Pornoladen gibt. Sobald Sie das verstanden haben, haben Sie eine wichtige Lektion des Lebens begriffen.

Angesichts unserer psychologischen Dualität offenbart die Anwesenheit der Nazis letzten Endes nur unsere Angst. Die nahen ätherischen Transdimensionalen und die gefangenen Seelen der Toten spiegeln den inneren Faschisten wider, das elitäre Denken, das sowohl Ihnen als auch mir innewohnt. Die Haie und die Kontrollfreaks sind Teil der dunklen Seite der Menschheit, und wenn Sie von ihnen belästigt werden, dann greifen Sie sich zum Teil selbst an. Die Geldverleiher und Gauner, die die kleinen Leute aussaugen, machen nur unsere innere Bösartigkeit im Äußeren sichtbar, jene Bösartigkeit, die ihr Bauernopfer verlangt, die Rache für das angebliche Unrecht fordert, das man uns angetan hat. Deshalb kann der kleine Fisch den Hai nicht fressen, denn in gewisser Weise ist der Hai ein Teil des kleinen Fisches. Die meisten Menschen haben ihren ›inneren Hai‹ nicht bezwungen, und er macht ihnen Probleme, hält sie in einer teuflischen Schlinge gefangen. Sie kommen an Ihrem Hai nicht vorbei, indem Sie ihn bekämpfen. Sie schaffen es nur, indem Sie im stillen größer sind als er. Sie müssen loslassen; wenn Sie nicht loslassen, wird Ihre Seele gefangengenommen. Sie werden psychisch und spirituell ersticken, was sich dann in der völligen Sinnlosigkeit Ihres alltäglichen Lebens widerspiegelt.

Sie müssen Ihren Wunsch nach Kontrolle loslassen, um dem Feld zu entkommen. Jedesmal, wenn Sie auf einem Kontrolltrip sind, plumpsen Sie wieder mitten ins Feld hinein. Loszulassen ist beängstigend. Aber nach einer Weile hatte ich für meinen Teil das Gefühl, nicht loszulassen ist noch beängstigender. Seinen Geist darin zu schulen, loszulassen und nicht alles wissen zu müssen, dauert, aber am Ende war es so einfach, das alles hinter sich zu lassen, nicht zu denken und sich nicht zu wehren.

SIE ENTKOMMEN DEM FELD NUR,
WENN SIE AUFHÖREN,
ALLES KONTROLLIEREN ZU WOLLEN.

Entführungen, Kornkreise, Rinderverstümmelungen und so weiter

Entführungen gibt es wirklich, aber nicht jedermanns Entführung ist echt. Manche Menschen lügen wohl, um Aufmerksamkeit zu erregen, oder sie sind ehrlich, täuschen sich aber. Im großen und ganzen sind Entführungen real und kommen häufig vor.

Ich habe mich immer gefragt, ob Entführungen etwas Ätherisches sind, so etwas wie eine unfreiwillige außerkörperliche Erfahrung, oder ob es sich dabei tatsächlich um eine physische Entführung handelt, bei der der Körper woandershin transportiert wird. Ich habe einmal ein ätherisches Ding von der Größe einer Teetasse gesehen, das in meinem Schlafzimmer schwebte. Es war ein Gerät, das mein Knie untersuchte, während ich wach im Bett lag. Ich habe ihm einen festen Schlag mit dem Handrücken verpaßt.

Wie dem auch sei, eine Zeitlang habe ich diese Entführungen für ätherische, außerkörperliche Erfahrungen gehalten. Dann begann ich mich zu fragen, ob der menschliche Körper überhaupt aus fester Materie besteht. Glaubst du wirklich, daß dein Körper etwas Reales und Festes ist? fragte ich mich. Ich kam zu der Überzeugung, daß er nicht fest ist. Im alternativen

Zustand ist nichts fest. Es gibt keine feste Masse. Schließlich gelangte ich zu der Ansicht, daß die Grauen unseren Körper in einen weniger festen Zustand versetzen und so aus Räumen befördern können. Interessanterweise müssen sie dazu durch ein Fenster gehen; sie können Sie nicht durch eine Wand befördern. Vielleicht gibt es also verschiedene Abstufungen im nichtfesten Zustand. Offensichtlich ist ein Fenster weit weniger fest als eine Wand – der Widerstand ist geringer.

Studieren die Grauen die Menschen aus einem bestimmten Grund? Ich glaube nicht. Sie sind schon eine lange Zeit hier; es gibt für sie nichts mehr zu entdecken. Züchten sie eine neue Rasse? Eine Mischrasse? Möglicherweise, aber ich bezweifle es sehr stark – das klingt mir irgendwie suspekt. Ich glaube, der Hauptgrund für die Entführungen besteht darin, Angst zu erzeugen und den Eindruck zu erwecken, daß sie technologisch überlegene Wesen von einem anderen Planeten sind, Wesen, denen man Respekt erweisen und seine Macht überlassen soll. Wie schon erwähnt, hören die Entführungen auf, sobald der Entführte keine Angst mehr hat. Die Angst ist also ein wichtiger Faktor bei den Entführungen.

Am Massachusetts Institute of Technology (MIT), einer der angesehensten Hochschulen der Welt, fand eine Konferenz statt, deren Thema die Entführung durch Außerirdische war. Über die Erkenntnisse dieser Konferenz wurde sogar ein Buch geschrieben. Daraus geht hervor, daß man zu dem Schluß gekommen war, daß es wahrscheinlich wirklich Entführungen gibt und daß das Ganze ziemlich unheimlich ist. Wer sind diese überlegenen Wesen? Und: Was haben ihre Zuchtprogramme zu bedeuten? So lauteten einige der Fragen, die bei der Konferenz gestellt wurden.

Wie bitte? Klingeling! Was ist denn hier los? Die angesehenste Hochschule der Welt veranstaltet eine Konferenz über UFOs und Entführungen durch Außerirdische? Darüber würde die ganze akademische Welt schallend lachen. Warum sollte das MIT riskieren, sich lächerlich zu machen? Weil anscheinend irgendwer irgendwo möchte, daß diese Entführungssache noch realer und beängstigender wird. Das MIT muß von jemandem von ganz oben überredet worden sein, die Konferenz abzuhalten, denn Entführungen durch Außerirdische stehen normalerweise nicht auf seinem Lehrplan. Die Entführungskonferenz am MIT zu veranstalten erhöhte ihre Glaubwürdigkeit; das verlieh ihr sozusagen das Siegel der Anerkennung durch die Institutionen. Jemand möchte, daß die Geschichte in Umlauf kommt und die Menschen zu Tode ängstigt.

Es ist normal, daß man vor Entführungen durch Außerirdische Angst hat. Anfangs, bevor ich das Ganze durchschaute, hatte ich auch Angst. Um sich vor ihnen zu schützen, müssen Sie sich als erstes bewußt machen, daß die nicht mehr Macht haben, als in Ihnen selbst potentiell angelegt ist. Als nächstes müssen Sie sie lieben. Es darf keine falsche, verstandesmäßige Liebe sein: »Ach, ich liebe dich so sehr« – igitt! Nein, Sie müssen es schon ernst meinen. Stellen Sie sich vor, daß diese Kraft vom Wurzelchakra zu Ihrem Herzen aufsteigt, dann projizieren Sie sie als tiefe, ätherische Liebe, der sich die Grauen nicht widersetzen können, nach außen. Andere Schutzmaßnahmen wirken manchmal, aber leider können sich die Grauen beispielsweise an allem Elektrischen zu schaffen machen. Sie mögen keine Videokameras, deshalb verscheucht sie eine Überwachungskamera, doch sie bietet keinen hundertprozentig sicheren Schutz. Eine Infrarotlampe, die violett leuchtet, läßt sie erschaudern, und ein elektrisches Feld rund ums Bett hilft auch: Verwenden Sie dazu Kupferdraht und eine Batterie. (Das können Sie aber nicht lange machen, denn je mehr Elektrizität Sie ausgesetzt sind, desto wahrscheinlicher ist es, daß Ihre Zellen mutieren. Die subatomaren Teilchen, die von elektrischem Strom ausgehen, wirken wie ein Messer und können eine menschliche Zelle durchtrennen. Es besteht eindeutig eine Verbindung zwischen Leukämie sowie anderen Krebsarten und starken elektromagnetischen Feldern.) Die Grauen mögen kein grelles Licht, deshalb sind sie meistens in der Nacht zwischen 3 und 4 Uhr tätig. UFOs fliegen üblicherweise zwischen 21 und 22 Uhr. Ticktack! Sogar die Transdimensionalen haben eine feste Arbeitszeit. Gruselig.

Einige der Kornkreise sind echt; sie sind eine Manifestation der Göttin, die uns etwas über die fraktale Natur des Universums mitteilen will. Andere Kreise sind Fehlinformationen von Transdimensionalen, die Aufmerksamkeit erregen möchten. Das ist Teil der Masche, mit der man den Menschen weismachen möchte, es handle sich bei den Transdimensionalen um höhere Wesen aus dem Weltall. Die britische Daily Mail, durch und durch ein Propagandawerkzeug, bringt während der Kornkreissaison geradezu lächerliche Geschichten. Sie behauptet, junge Männer würden die Kreise mit Brettern ziehen. Sie verbreitet vorsätzlich Unwahrheiten, schreibt beispielsweise, daß auf dem Feld Weizen wächst, wenn es in Wirklichkeit Gerste ist, oder gibt die Lage des Feldes falsch an und so weiter. Die *Daily Mail* behauptet, zwei Männer könnten im Dunkeln in drei Stunden mit zwei Brettern einen Kornkreis von 300 Meter Durchmesser mit absoluter mathematischer

Genauigkeit ziehen, ohne dabei gesehen zu werden. Klingeling! Wumm! Reichen Sie mir mal das Brett. Dabei geht es natürlich darum, die Gläubigen in ihrem Glauben zu bestärken, so wie der angebliche Absturz in Roswell die Vorstellung von festen UFOs bekräftigt hat. Und sekundär geht es darum, die Menschen zu verwirren und zu ängstigen.

Es gibt eine Theorie, wonach die Kornkreise von Erdgeistern angelegt werden, die den Menschen helfen wollen, ein höheres Bewußtsein zu erlangen. Davon halte ich nichts – ist mir zu weit hergeholt. Wie auch immer, die Kreise sind Teil einer anderen Evolution, einer, die nichts mit uns Menschen und unserer Entwicklung zu tun hat. Kornkreise sind etwas Transdimensionales, UFO-ähnliches – etwas Unheimliches.

Rinderverstümmelungen sind echt. Sie scheinen überwiegend im nördlichen New Mexico und im südlichen Colorado vorzukommen. Man hat das Militär mit Rinderverstümmelungen in Verbindung gebracht, aber ich glaube, sie sind auf die Transdimensionalen zurückzuführen. Vielleicht studieren sie die Kühe, aber ich bezweifle das. Es ist nichts an einer Kuh, was sie nicht ganz schnell lernen könnten, wenn sie wollten.

Sie verstümmeln Rinder aus demselben Grund, aus dem sie alles andere machen: um Verwirrung und Angst hervorzurufen. Außerdem untermauert es den Glauben an ihre angebliche Genforschung. Der ganze Mist mit der Genforschung der Grauen begann erst, als wir die DNS entdeckten, vorher war keine Rede davon. Ich glaube auch nicht, daß die Kühe ihnen als Nahrung dienen. Es sei denn, sie verwenden das Blut auf irgendeine Weise, die mir unbekannt ist. Ein ätherisches Wesen wäre gar nicht imstande, Fleisch zu verdauen. Die Grauen aber scheinen kein Verdauungssystem zu haben. Die Nahrungstheorie ist damit abgehakt. Mir tun die Kühe leid; andererseits: die Menschen behandeln die Kühe auch nicht gerade gut.

Was noch? Männer in Schwarz: Erscheinungen, deren Aufmachung an die späten 40er und 50er Jahre erinnert? Nur eine weitere Art des Gestaltwandelns. Reptilianer? Nun, die gibt es wirklich; dabei handelt es sich um Wesen, die wie Reptilien aussehen, höchst intelligent und sehr liebevoll sind. Allerdings scheinen die mit UFOs assoziierten Reptilianer eine andere Gesinnung an den Tag zu legen. Ich habe bisher nur einen gesehen, und er war unheimlich, gemein und grausam. Andere haben sie schon öfter gesehen. Für die Behauptung, daß Reptilianer menschliche Gestalt annehmen und sich in Mitglieder der englischen Königsfamilie verwandeln, gibt es meiner Meinung nach jedoch keine Beweise. Ich glaube nicht, daß sie wirklich menschliche Gestalt annehmen müssen, da sie, so wie Sie auch, in jedermanns Geist eindringen können, der ihre Botschaft akzeptiert.

Als Gedankenlesen beschreiben Entführungsopfer einen Vorgang, bei dem die Grauen oder die Nordics dem Entführten aus nächster Nähe in die Augen starren und seine Gedanken lesen oder Informationen herunterladen. Das klingt wahr, obwohl ich es selbst noch nie erlebt habe. Es ist aber einfach durchführbar und nichts Besonderes: meiner Meinung nach bloß eine weitere Methode, mit der sich die Grauen wichtig machen wollen. Ich glaube, es geht ihnen nur darum, sich wichtig zu machen, hier auf der Erde, und sich über uns zu erheben.

Noch mehr Desinformation

Wir haben von sozialer, politischer und wirtschaftlicher Desinformation gesprochen – sie ist überall. Wie sieht es mit Desinformation in anderen Bereichen aus?

Die Kirche ist für einen Großteil der kursierenden Desinformation verantwortlich. Häufig versucht sie, Sie emotional an sich zu binden, während sie Sie gleichzeitig ausnimmt. Das Wort Religion stammt vom lateinischen Wort für binden. Die Kirche versucht auch, ihre Theorien oder Dogmen zwischen Sie und Gott zu schieben. Das ist ein Verbrechen gegen die Menschheit – ein Fall für die ›Dawn Trader‹. Niemand hat das Recht, einem anderen die Erlösung zu versprechen, schon gar nicht, wenn man einer Gruppe beitreten muß, um sie zu bekommen. Auf lange Sicht werden sich auch die modernen Kirchen nicht halten, vor allem die katholische Kirche könnte bald zerfallen, weil in ihren Reihen die politische Korruption grassiert. Außerdem hat der Ruf der Priester stark gelitten, seit die Skandale über sexuellen Mißbrauch ans Tageslicht kommen. Das Hauptproblem, mit dem es die Kirche zu tun hat, ist, daß ihr die Leute scharenweise davonlaufen, so daß Geld allmählich zu einem Problem werden wird. Ein weiteres großes Problem ist, daß junge Männer heute nicht mehr Priester werden wollen. Die Kirche könnte wieder einen Aufschwung erleben, wenn man Frauen erlaubte, die Priesterweihe zu empfangen, aber ich bezweifle, daß sie den Mut für eine derartige Reformierung aufbringt.

Die New-Age-Bewegung ist, wie schon erwähnt, voller falscher Propheten. Dasselbe gilt für den Spiritismus, der unter dem Einfluß naher Wesenheiten steht, die sich als jemandes Großmutter ausgeben. Beim Channeln kann es auch zur Überlagerung von Informationen kommen. Reiki ist völlig offen, und die verwendete Technik nur fauler Zauber. Es beruht auf einer Lüge, einem heimtückischen Schwindel. (Das erkläre ich später noch näher.) Einige der Meditationsgurus spielen dasselbe Spiel mit Ihnen, in der Hoffnung, Sie zu indoktrinieren. »Hier ist dein Mantra, jetzt geh, und meditiere.« Da muß ich mich übergeben, Bruder. Yoga schwächt Sie, wenn Sie es lange Zeit betreiben, und raubt Ihnen die Energie – es kann Sie schließlich sogar umbringen. Yoga ist ziemlich gruselig.

Meditieren ist einfach: Kaufen Sie sich ein Metronom, und lernen Sie, in Trance zu sitzen. Sie brauchen niemanden, der Ihnen dabei hilft, Sie können es sich selbst beibringen. Vipassana – vergessen Sie es. Es ist schwer, zu glauben, daß es sich bei den meisten Sachen, die Sie für so großartig halten, im schlimmsten Fall um Desinformation oder einen Kontrolltrip handelt und im besten Fall um etwas, was Sie nicht brauchen. Die Akupunktur funktioniert und ist okay, so wie beinahe jede Form der Körperarbeit. Solange der jeweilige Therapeut Sie nicht manipuliert – kein Problem. Machen Sie es, wenn es Ihnen hilft. Kampfsport ist auch kein Problem, er hilft Ihnen, Selbstvertrauen, Kraft und Fitneß aufzubauen. Und solange Ihnen Ihr Lehrer einen deutlich gekennzeichneten Ausgang anbietet, brauchen Sie sich keine Sorgen zu machen.

Kirlianfotografie ist reiner Humbug, damit werden nur Feuchtigkeit und Wärme fotografiert. Fotos von der Aura? Schwindel. Wenn Sie genau aufpassen, werden Sie sehen, daß der Fotograf an den Knöpfen dreht, um die Farben von Kunde zu Kunde zu verändern. Ich kenne da jemanden, der hat eine Million damit verdient, die Knöpfe zu drehen. Er sitzt jetzt gemütlich in seinem gemachten Nest.

Feng Shui? Der Feng-Shui-Berater versucht, den Energiefluß in Ihrem Heim oder Büro zu erspüren, und gibt Ihnen hoffentlich einen guten Rat. Feng Shui richtet meiner Meinung nach keinen Schaden an, ist aber praktisch wertlos; Sie können das auch selbst machen. Aber wenn Ihnen diese Methode gefällt, warum nicht?

Was ist mit Reformkost, Vitaminen, Essenzen, Aromatherapie und so weiter? Wenn Sie es mögen und es Ihnen hilft, wunderbar. Bach-Blüten sind ein Placebo; sie funktionieren, wenn Sie daran glauben und nicht zuviel nachdenken. Lesen Sie die Broschüre nicht, sie stammt aus dem Land der Munchkins*.

»Bewußtseinskontrolle an Major Tom«: Was zum Teufel ist nur mit dem New Age los? Ein Teil der Jünger wandelt auf dem Pfad der Tugend, und der unredliche Teil, der Sie in die Falle lockt und falsch informiert, hat sich verkauft. Wer wes Kindes Vater ist, läßt sich leicht herausfinden. Wenn jemand Sie wirklich liebt oder wenn eine Methode wirklich nützlich ist, dann wird es sich richtig anfühlen, und Ihr Lehrer wird Ihnen dabei helfen, Freiheit zu erlangen. Es wird keinen Machttrip und keine Kontrolle geben. Sie bezahlen für den Unterricht, und der Lehrer geht, wenn jener vorbei ist, und das war's – es sei denn, Sie möchten das wiederholen, was gelehrt wurde. Aber Lehren, bei denen es Kurse für Anfän-

---

* Volk kleinwüchsiger Wesen in: »Der Zauberer von Oz« – Anm. d. Vlgs.

ger und Fortgeschrittene gibt, sind Müll. Diese Kurse werden von Agenten der Sphäre gestaltet. Das, was sie lehren, ist verdächtig, denn sie zielen darauf ab, Sie in die Falle zu locken – seien Sie vorsichtig.

Magie ist eine Falle; sie ist ein Machttrip. Astrologie dagegen ist harmlos, genauso wie die anderen Weissagungsmethoden: Tarot, Teeblätter, I Ging und so weiter. Denken Sie daran: Wenn eine spirituelle oder religiöse Methode Ihnen Ruhe und Gelassenheit beschert, denn ist sie für kurze Zeit in Ordnung. Aber sobald es um elitäres Denken oder Unsterblichkeit geht, werden Sie hier auf der Erde und auch in der spirituellen Welt in die Falle gelockt. Wenn Sie, so wie ich, darauf programmiert wurden, diese Dinge zu glauben, wird es eine Weile dauern, bis Sie erkennen, daß die Sphäre hinter alldem steckt. Ich habe ungefähr sechs Monate Widerstand geleistet, bevor ich aufgegeben und den Gotteskriegern zugestimmt habe. Es besteht keine Eile, aber letzten Endes brauchen Sie keine spirituellen Methoden, denn Gott ist nicht ›spirituell‹ in dem Sinne, wie wir dieses Wort gebrauchen. Und letztlich sind auch alle diese Lehren eine Falle.

Anfangs ist es schwer, zu glauben, daß Sie es allein schaffen können, daß Sie es allein schaffen müssen, wenn Sie entkommen wollen. Doch alles, was Sie brauchen, ist in Ihnen. Sie haben die Macht, niemand sonst. Sie sind etwas Heiliges und Besonderes, nicht wichtiger als andere, sondern etwas Besonderes in dem Sinne, daß Sie ein Kind der Schöpfung sind. Sie können sich selbst unterrichten. Ich habe es getan. Das, was ich weiß, stammt nicht aus Büchern. Ich habe ein paar Zauberer auf meinem Weg getroffen, die mir mit ihrem speziellen Fachwissen geholfen haben, aber 90 Prozent der Zeit habe ich mich selbst unterrichtet. Ich habe um Weisheit gebeten, und als sie in meine Wahrnehmung eindrang, bin ich sehr vorsichtig vorgegangen, habe alle Fakten genau überprüft. Sie können es ebenso machen. Sie können natürlich auch fordern, daß Ihnen die Gotteskrieger helfen. Es gibt innere und auch menschliche, denen Sie eventuell begegnen – verlangen Sie, daß Ihnen irgendwer irgendwo die Wahrheit zeigt. Kämpfen Sie darum. Bestehen Sie darauf. Beten Sie darum. In der Stille werden Sie sie finden, und nach und nach, wenn Sie bereit sind, wird sie Sie finden.

Ich war schockiert, als ich erkannte, daß die Dinge häufig verkehrt herum dargestellt werden. Man redet uns ein, daß der Tag sicher und gut ist und die Nacht unsicher und nicht so gut – es ist genau umgekehrt. Die Nacht ist die einzige Zeit, in der Sie ungehindert kommunizieren können. Im Vergleich zum Tag ist sie sehr sicher, denn die meisten Menschen rund um Sie herum schlafen, so daß deren Verstand Sie nicht stört. Das Sonnenlicht zerstört Melatonin, das für die außersinnliche Wahrnehmung unerläßlich ist. Warum sind Urlaube in der Sonne so billig? Ihre Wahrnehmung wird durch feuchte Luft und Dunkelheit gefördert. Hier ist ein billiger Urlaub an einem trockenen, sonnigen Ort, probieren Sie das aus. Warum sind Surfer, die den ganzen Tag in der Sonne verbringen, üblicherweise nicht allzu schlau? Warum ist Melatonin im sonnigen Australien verboten? Klingeling! Übrigens, Angst entsteht oft, weil man dehydriert ist. Wenn Ihr Körper ausgetrocknet ist, schwindet Ihr Wahrnehmungsvermögen, und Sie fürchten sich mehr. Die meisten Menschen trinken nicht genug reines Wasser. Wenn Sie jeden Tag vier Liter Wasser trinken und ein paar Lecithintabletten einnehmen, können Sie Ihrem Körper im Laufe mehrerer Wochen wieder genügend Flüssigkeit zuführen. Sie werden jedoch schon innerhalb weniger Tage merken, daß Ihre Angst abnimmt. Man hat mir gesagt, das Lecithinöl brauche man, damit das Wasser in die Zellen transportiert wird.

Hier ist noch ein Beispiel für einen Kontrolltrip: Es heißt, wenn Sie die religiösen und gesellschaftlichen Regeln befolgten, würden Sie gerettet, dann seien Sie ein guter Mensch und kämen in den Himmel, und wenn Sie die Regeln nicht befolgten, gingen Sie unter. Doch es ist genau umgekehrt: Wenn Sie die Regeln befolgen, dann enden Sie gemeinsam mit denen, die die Regeln aufstellen, gefangen in der nahen ätherischen Ebene. Hoppla! Das heißt nicht, daß Sie das Böse gutheißen sollen, das heißt nur, ihre Regeln führen Sie in ihre spirituellen Welten, höllische und himmlische. Dieselbe Falle.

Man sagt uns, die Ursache erzeugt die Wirkung; wir nennen es das Gesetz von Ursache und Wirkung. Aber es ist genau umgekehrt: Es ist die Wirkung, die aus der Zukunft zurückkommt, und die Ursache hervorruft. Das müssen Sie erst einmal verarbeiten! In welcher Richtung verläuft die Zeit? Vorwärts in der Version des freien Willens oder rückwärts nach dem göttlichen Plan? Aber wie auch immer: Eine Stufe höher, und es gibt gar keine Zeit. Machen Sie sich keine Sorgen wegen der Zeit, es macht Sie nur verrückt.

Man hat uns gesagt, daß wir vom Affen abstammen. In Ihrer Schule gab es wahrscheinlich eine Tafel, die Affen zeigte, die nach und nach aufrecht gingen und sich zum Neandertaler entwickelten, aus dem schließlich der blitzsaubere nackte Mann, seine Frau und sein Kind wurden, die Hand in Hand dastehen. Der moderne Mensch ist jedoch mit dem Neandertaler nicht verwandt. Tut mir leid. Was jetzt? Nur weil die Menschen jetzt größer und klüger sind, als wir uns vorstellen, daß sie es früher waren, sind wir überzeugt davon, daß wir uns weiterentwickeln. Wir entwickeln uns keinesfalls weiter, und auf einer Zeitlinie betrachtet, die lang genug ist, erkennt man, daß wir uns sogar zurückentwickeln und kälter werden. Größer und klüger zu werden sowie länger zu leben sind keine Kriterien für Evolution, es ist nur unser Kriterium. Wie auch immer, es sind andere hier, die größer und klüger sind, als wir es je sein werden. In der Zwischenzeit entwickeln wir uns auch spirituell zurück, denn je mehr technischen Fortschritt wir schaffen, desto mehr Hölle erzeugen wir. Lieber Himmel! Warum verkauft man uns die Hölle fälschlicherweise als heiß, während die Temperatur des Himmels nicht erwähnt wird? Die Hölle wird uns als heiß beschrieben, um uns angst zu machen und dafür zu sorgen, daß wir in der Herde bleiben. Wenn Sie den Gottesdienst verpassen, haben Sie gesündigt. Und wenn Sie in Sünde sterben, kommen Sie in eine feurige Hölle. Quatsch. Der Himmel ist warm. Der Gral ist warm. Die Göttin ist warm. Die Hölle ist wie die Transdimensionalen, gnadenlos und kalt, und wie die Höllenbewohner riechen diese oft nach Schwefel, wie verdorbene Eier.

Apropos verdorbene Eier, Sie kennen doch diese Heiler, die Ihnen sagen, daß sie Sie mit der Energie ihrer Hände heilen könnten und daß sie ein reiner Kanal für das göttliche Licht wären, blablabla – die Blitzsauberen, die Auserwählten ... Nun, das ist völliger Quatsch. Die Menschen sind von innen nach außen gekehrt. Das Licht der Unendlichkeit (Gott) erlebt man, beinahe wie in Zeitlupe, als eine Explosion im Inneren. Der Heiler jedoch spürt die ätherische Wärme seiner eigenen

Kundalini-Energie, die durch seine Hände in den Körper des Patienten strömt, und es läßt ihn sich wichtig fühlen, wenn er behauptet, die Energie sei das Licht Gottes. Ist es nicht – es ist Sex. Es wird vom Sexualchakra des Heilers durch seinen Wunsch nach Anerkennung über seine Hände zum Patienten geleitet. Denken Sie daran, das Licht Gottes fließt in die andere Richtung, vom Inneren des Körpers nach außen, hin zur Hautoberfläche. Klingeling!

Wenn Sie einen Menschen wirklich heilen wollen, dann nehmen Sie den betroffenen Teil seines Körpers, und stellen Sie sich vor, wie er in der Ewigkeit schwebt. Und während Sie dann einfach auf ihn zeigen, lassen Sie die Liebe Gottes durch ihn und um ihn herum explodieren wie beim Urknall und aus der Unendlichkeit durch die Atome und Moleküle der Zellen allmählich nach außen durch die Haut strömen. Andersrum handelt es sich nur um reine Ego-Befriedigung, die nicht funktioniert. Indem Sie den Patienten in die Unendlichkeit führen, bringen Sie ihn in seinen nichtfesten Zustand, wo er zu Gott zurückkehrt und sich daran erinnert, daß sein Körper perfekt ist.

»Suchet, und so werdet ihr finden.« Je mehr Sie sich nach außen begeben, um zu finden, was Sie suchen, desto weniger werden Sie es finden. Das haben Sie vielleicht schon selbst erlebt. Setzen Sie sich still hin, und in der Stille ›werdet ihr finden‹. Suchen Sie nicht. Das Reich Gottes ist überall um Sie herum. Sie müssen nirgends hingehen.

»Gebet und ihr werdet empfangen«, sagt die Kirche, in der Hoffnung, an Ihr Geld zu kommen. Tatsache ist, wenn Sie Ihr Geld aufgrund Ihrer Emotionen oder Ihres Verstandes geben, dann bewirkt das rein gar nichts. Nur wenn Sie Ihr Geld oder

Ihre Liebe bedingungslos geben, dann empfangen Sie. Der Rest ist nur Zeitverschwendung. Sie tun nur das, ›was zu tun ist‹, und drücken damit den Willen des Ego aus. Hier ist meine Spende, was bekomme ich dafür? So funktioniert das nicht. Komisch, daß die Menschen das noch nicht bemerkt haben.

Der Tod ist erschreckend, und die Geburt ist wunderbar, sagen sie. Wie bitte? Der Tod ist der Himmel, er ist einfach, er befreit uns. Die Geburt – stelle ich mir vor, obwohl ich mich nicht mehr so recht daran erinnern kann – muß erschreckend und äußerst stressig sein. Stellen Sie sich vor, Sie kommen von einem Ort, an dem es warm und behaglich ist, an dem der Herzschlag Ihrer Mutter Sie beruhigt, in das grelle Licht und den Lärm, und irgend jemand klopft Ihnen auf den Hintern! Alles wird Ihnen verkehrt herum eingeredet; auf diese Weise wird dafür gesorgt, daß Sie nie die Wahrheit herausfinden. Vergessen Sie nicht: Die Sphäre ist sehr raffiniert.

Kapitel 14
Der Endlauf

DIES IST DIE FORTSETZUNG VON KAPITEL 7

Reden wir darüber, wie Sie der Sphäre entkommen können. Der erste Schritt besteht darin, daß Sie den Alltagstrott aufgeben und eine andere Möglichkeit finden, über die Runden zu kommen. Dafür kann es notwendig sein, daß Sie Ihr Leben vereinfachen und Ihre Ausgaben reduzieren. Im nächsten Schritt schaffen Sie sich jeden Kontrollfreak in Ihrem Leben vom Hals – weg damit! Meiden Sie Orte oder Situationen, die Ihrer Befreiung im Wege stehen. Vielleicht sollten Sie freiberuflich arbeiten.

Werfen Sie die Zeitungen und den Fernseher hinaus. Wenn Sie sich nicht dazu überwinden können, den Fernseher wegzuwerfen, verwenden Sie ihn nur dazu, sich Videos anzuschauen. Wenn Sie Videos anschauen, wählen Sie diese sorgfältig aus. Häufig werden sie von Agenten der Sphäre produziert – betrachten Sie alles mit etwas Skepsis. Oft verkauft man Ihnen unterschwellig Angst, oder man präsentiert Ihnen ganz offen Horror und Gewalt – ätherische Nahrung. Sie verkaufen Ihnen auch Konformismus; dieser setzt Ihnen zu und zwingt Sie, dort zu bleiben, wo Sie sind. Planen Sie Ihre Flucht aus der Anpassung. Denken Sie daran, auch Nonkonformismus im Stile der Hippies ist eine Form von Konformismus.

Wenn Sie Marihuana rauchen, haben Sie keine Chance. Es macht Sie gefügig und beschädigt Ihren ätherischen Körper. Doch das Schlimmste daran ist, daß es Ihr Gehirn nach und nach vergiftet und Sie paranoid macht. Dann fehlt es Ihnen am nötigen Mut und Schwung zum Laufen. Kokain erhöht Ihr Risiko auf einen Herzinfarkt um das 27fache und bringt Sie allmählich um. Heroin macht Sie ebenfalls gefügig. Speed? Lassen Sie es. Special K? Vergessen Sie es. DMT (Dimethyltryptamin) – probieren Sie es zweimal. LSD ist wertlos; es führt zu geistigem Durchfall, sonst nichts. ›Magische Pilze‹ können Sie in andere Welten führen, aber sie können Sie paranoid machen, wenn Sie eine zu hohe Dosis einnehmen. In kleinen Mengen sind sie okay. Meskalin? Gut, wenn man sich übergeben will; ich bin mir nicht sicher, ob es irgendeinen anderen Zweck erfüllt. Ecstasy öffnet Ihr Herz und hilft Ihnen zu fühlen – allerdings könnte es auf lange Sicht schädlich sein, wenn Sie viel davon zu sich nehmen. Die Geschichten in den Medien, wonach man an Ecstasy sterben kann, sind reine Propaganda. Niemand ist je daran gestorben, es sei denn, es war vorher schon etwas nicht in Ordnung mit ihm oder Dehydrierung hat ihn umgebracht. Es sterben mehr Menschen durch Mangel an Liebe. Siebenhundertundfünfzigtausend Ecstasy-Tabletten werden jedes Wochenende in Großbritannien eingenommen, und sehr wenige Menschen sterben. Wenn Sie 750.000 Menschen Limonade zu trinken geben, könnten zufällig einer oder zwei »daran« sterben, wenn ihr Herz genau nach dem Genuß des Getränks seinen Geist aufgibt. Ich finde, Ihr Herz zu öffnen ist eine gute Sache, obwohl ich nicht sagen kann, daß Ecstasy unbedingt der richtige Weg ist – das müssen Sie selbst entscheiden. (Ich bin nicht da, um mit dem Finger auf jemanden zu zeigen, das ist Sache der Sphäre.) Alkohol in geringen Mengen ist in Ordnung – ein paar Drinks pro Tag, alles was darüber hinausgeht, wird zu einem Kontrollmechanismus. Ich mußte ihn ganz aufgeben, um da hinzukommen, wo ich hinwollte. Das war ein trauriger Tag. Rauchen? Ist in Ordnung – Ihre Entscheidung. Glücksspiel? Weg damit. Pornographie? Weg damit.

Was jetzt? Bereit loszulaufen? Ab geht‹s!

Wenn Sie in Ihrem physischen Körper sterben, werden Sie in der nahen ätherischen Ebene mit den abscheulichen Himmelsmenschen enden, oder Sie driften in das, was die Menschen geistige Welten nennen. Ich war in einigen davon. Einige sind schrecklich eintönig, andere sind ziemlich fröhlich und wirken wie Szenen aus einem sonnigen Urlaub in der Toskana. Alle diese Welten befinden sich aber immer noch innerhalb der Sphäre; sie sind also eine Falle. Die himmlischen Welten, die in himmlisches Licht getaucht sind, sind ebenfalls eine Falle. Das habe ich erst später erkannt. Es sind zwar höhere geistige Welten, aber sie sind ein Teil der Sphäre.

Schauen Sie jetzt Ihre Hand an. Sie ist fest – sehen Sie das? Wenn ja, dann sind Sie noch hier in der Sphäre. Wenn Sie Ihre Knochen sehen können, dann stehen Sie an der Schwelle. Um die Sphäre zu verlassen, müssen Sie sich dematerialisieren. Erschrecken Sie nicht; die feste Form der dreidimensionalen Realität aufzugeben ist wesentlich einfacher, als Sie glauben. Wenn diese Morphogenese beginnt, dann tauchen zuerst farbige geometrische Linien auf – in Form von Gittern und bunten Fraktalmustern auf Ihrer Stirn. Diese breiten sich dann über Ihren ganzen Körper aus. Sie sind unbeschreiblich schön; es gibt dafür keine angemessenen Worte. Das ist Gott in geometrischer Form und in Technicolor. Wenn das Morphen auf Ihrer Stirn beginnt, kann jemand anderes seinen Finger direkt in Ihren Schädel stecken. Das ist witzig und irgendwie seltsam anzuschauen. Es tut nicht weh; der Körper ist in diesem Augenblick nicht fest. Wenn diese Person dann ihren Finger herauszieht, ist er seltsam verlängert – ungefähr doppelt so lang wie normal. Der Finger wirkt naß (seifig) und spitz. Daraus schließe ich, daß sich die nichtfeste Welt jenseits unseres festen Zustands vielleicht schneller als die Lichtgeschwindigkeit bewegt. Dinge, die sich der Lichtgeschwindigkeit annähern, werden kürzer, und eine moderne Hypothese besagt, daß Dinge, die sich schneller als das Licht bewegen, länger werden. Meiner Ansicht nach stimmt das.

Mit diesem Phänomen geht ein flatterndes Gefühl einher, das noch mehrere Monate und sogar Jahre anhalten kann. Und dann ist da noch ein Phänomen, das ich Hubschrauberblut nenne, weil man den Eindruck gewinnt, daß sich die Zellen immer schneller und schneller drehen. Das ist oft mit einem Gefühl extremer Schwere verbunden. Man wird so schwer, daß man nicht anders kann, als sich hinzulegen. Das ist für mich ein Hinweis darauf, daß die Atome der Zellen vielleicht in einem Tempo vibrieren, das an die Lichtgeschwindigkeit herankommt, denn die Wissenschaftler wissen, daß man immer schwerer und schwerer wird, je mehr man sich der Lichtgeschwindigkeit nähert. Dann, nach ein paar Tagen, scheint man einen Nullpunkt zu erreichen, stößt auf die andere Seite vor und beginnt wieder sein normales Gewicht zu spüren oder fühlt sich sogar leichter. Das Seltsame daran ist, daß sich die Zellen in diesem Augenblick zeitlich zurückzuentwickeln scheinen, denn man spürt ein Kribbeln und kann beobachten, wie sich seine Haut vor seinen Augen verjüngt. Makel wie Leberflecken auf der Hand verschwinden innerhalb von Stunden, und Ihre Haut wird strahlend schön und zart, so wie sie vielleicht einmal war, als Sie noch jung waren. Ich habe so das Gefühl, daß echte Unsterblichkeit bedeutet, daß Sie zurück zum Nullpunkt gehen und Ihre Zellen über die Lichtgeschwindigkeit hinausgehen. Sobald Sie den nichtfesten Zustand erreichen, sind Sie imstande, aufzutauchen und zu verschwinden. Es ist sehr schwer zu glauben, aber es ist schon vorgekommen.

Nachdem Parzival den Heiligen Gral gefunden hatte, verschwand er. Schwupp! Binnen fünf Jahren werden mehrere zehntausend Menschen diese Erfahrung machen. Zu der Zeit, als ich dieses Buch schrieb, habe ich erlebt, wie 15 mir nahestehende Menschen kurzzeitig oder ganz verschwanden. Die Lösung dafür ist sehr einfach, und Sie finden sie in diesem Buch.

Sobald Sie erkennen, daß Ihr Körper nicht fest ist, können Sie aufhören, Sie selbst zu sein, und alles, was Sie zu wissen glauben, aufgeben. Dann werden die Gotteskrieger kommen und Sie holen. Es handelt sich dabei entweder um einen inneren aus einer anderen Dimension oder um einen in menschlicher Gestalt. Das System ist perfekt; keiner wird jemals übersehen, keiner entgeht ihnen, niemals. Sie sind voller Hingabe. Wie auch immer sie sind, letztlich sind sie nur wenige Zentimeter entfernt. Die Ewigkeit ist in greifbarer Nähe, auch wenn das schwer zu verstehen ist. Natürlich müssen Sie sich jede Minute an den göttlichen Plan halten, sonst kann er Ihnen keine Anweisungen geben. Sie würden Ihren Verstand benutzen und sich darüber hinwegsetzen.

Die Gotteskrieger haben vier wesentliche Eigenschaften: Sie sind sehr stark und mutig; sie sind sehr heilig und bescheiden. Ihre Bescheidenheit ist erfüllt von absoluter Selbstlosigkeit; und sie sind voller Herzensgüte und Mitgefühl. Die Geschwindigkeit, mit der sie etwas wahrnehmen, ist sagenhaft, und sie sind sehr still. Wer hat sie auserwählt? Sie haben sich selbst auserwählt. Wie haben sie sich qualifiziert? Jahrzehntelange Hingabe, nehme ich an. Sie brauchen die dadurch erworbenen Eigenschaften.

Was Sie als nächstes brauchen, ist eine ausgeprägte Sehnsucht nach der Ewigkeit. Sie muß so stark sein, daß Sie bereit sind, sich selbst zu verlieren, um die Ewigkeit zu finden.

Verehren Sie Gott, selbst wenn Sie im Augenblick vielleicht nur den orangefarbenen Football verehren; das ist in Ordnung. Lieben Sie die Menschen. Das heißt, machen Sie einen Schritt nach vorn, schließen Sie sie in Ihre Arme, und lieben Sie sie, egal wie fies sie auch sein mögen. Die meisten können nie wahre Spiritualität erlangen, weil sie sich von den Menschen distanzieren, denn ihr Verstand ist damit beschäftigt, von sich selbst besessen zu sein oder sich zu verabscheuen, was sich in Form von Haß und Verachtung für andere offenbart.

Wenden Sie sich der Natur zu; bitten Sie die Tiere, Ihnen zur Seite zu stehen. Sie brauchen ihren Schutz – ich bin mir nicht sicher, was Ihnen ohne diesen passieren könnte.

Hören Sie auf alles, und beobachten Sie alles. Das Universum spricht zu Ihnen über Träume, Visionen und Zeichen; es spricht mit Ihnen und führt Sie. Versuchen Sie, blinden Glauben und Vertrauen zu entwickeln, denn die werden Sie brauchen, ebenso wie unendlich viel Geduld.

Lassen Sie los. Suchen Sie jeden Tag eine Sache, die Sie an der großen Bushaltestelle des Lebens absetzen können. Lassen Sie sich von niemandem ablenken. Genießen Sie die Zeit, während Sie Ihren Weg beschreiten; ich habe es getan.

Versuchen Sie, auf das zu hören, was Ihre Gefühle Ihnen mitteilen, und tun Sie sofort, was sie Ihnen sagen. Zögern Sie nicht, zaudern Sie nicht, und diskutieren Sie nicht. Befolgen Sie Befehle, die aus Ihrem Inneren kommen, sofort und zur Gänze – das ist unerläßlich. Sie können niemals entkommen, wenn Sie einen solchen Befehl nicht augenblicklich befolgen, egal wie ungelegen er kommt. Auf diese Weise entwickeln Sie ein sehr starkes Gespür für Ihr Selbst; eines, das nicht egoistisch oder aufdringlich ist, sondern still, bescheiden und solide. Es weiß, daß sein Leben nicht ihm gehört, und es ist ihm egal. Es hat sich selbst vor langer Zeit aufgegeben.

Erkennen Sie, daß Sie niemanden mitnehmen können. Jeder muß die Reise allein machen. Halten Sie Ihr Privatleben, entsprechend den Umständen, soweit wie möglich geheim. Sagen Sie niemandem etwas. Geben Sie Liebesbeziehungen auf, denn sie behindern Sie nur, es sei denn, Ihr Partner ist spirituell hoch entwickelt und frei. Wenn Sie Sex brauchen, suchen Sie sich jemanden, den Sie bedingungslos lieben können, tun Sie, was Sie tun müssen, lieben Sie ihn/sie, und gehen Sie wieder. Wenn Sie Angst haben, erheben Sie Ihre Hände, und sagen Sie: »Ich habe Angst. Liebe mich, Gott, liebe mich.« Beharren Sie auf Gottes Liebe. Sie können Ihre Hände auch an einen Baum legen; Bäume sind so etwas wie Telefonmasten, über die Sie Verbindung zu Gott aufnehmen können. Legen Sie die Hände über Ihrem Kopf an den Baumstamm, schicken Sie dann Energie von Ihrem Wurzelchakra durch Ihren Körper nach oben über das Kronenchakra zum Baum, und sagen Sie: »Liebe mich, Gott, liebe mich.« Das wird Sie beruhigen.

Bestehen Sie darauf, daß die Menschen Sie lieben, und bieten Sie ihnen dieselbe bedingungslose Liebe. Wenn Sie Mist bauen, sagen Sie: »Tut mir leid, tut mir leid. Liebe mich, liebe mich.« Verrennen Sie sich nicht in Gewissensbisse und Schuldgefühle. Vergessen Sie nicht: Sie müssen sich selbst vergeben, um sich selbst zu retten.

Denken Sie auch daran, daß die Transdimensionalen Sie über den Widerhall Ihrer Stimme in jenem Teil des Schädels, der sich über dem Frontallappen befindet, ausfindig machen. Wenn Sie still sind, können sie Sie nicht finden.

Beten Sie.

Wenn Sie irgend jemanden treffen, der Hilfe braucht, helfen Sie ihm, ohne eine Gegenleistung zu verlangen. Das heißt nicht, daß Sie alles gratis tun müssen, denn vielleicht müssen Sie Geld verdienen, um die Dinge im Gleichgewicht zu halten. Machen Sie aber den Großteil Ihrer Arbeit kostenlos. Das Geld kommt aus unerwarteten Quellen.

Zu guter Letzt: Vertrauen Sie darauf, daß die Probleme der Welt sich von selbst klären. Sie wird sich ändern, und sie wird nicht enden. Hilfe ist vorhanden – haben Sie Vertrauen. Wenn Sie sich in Emotionen verrennen, sehen Sie alles nur kurzfristig, nicht langfristig. Letzten Endes wird sich die starre und schändliche Haltung der Menschen lockern, und immer mehr Menschen werden das Reich des wahren Gottes im Inneren erkennen. Dann wird sich unsere Welt allmählich erholen und sich selbst retten.

Die Göttin ist kurz davor, sich zu zeigen, falls sie nicht schon aufgetaucht ist, wenn Sie das lesen. Sie wird die männliche, vom Ego dominierte Welt verwunden, sie tödlich verletzen. Der Schmerz wird weltweit spürbar sein. Die der dunklen

Seite Zugewandten werden sich sehr fürchten. Ich glaube, die dem Licht Zugewandten werden sich anfangs auch fürchten. Dann werden sie darauf bestehen, ihre Schönheit zu sehen, oder vielleicht zeigt sie sie ihnen ohnehin und wird ihre Erlösung, ihre Inspiration.

Alles wird sich ändern.

Danke, daß Sie durchgehalten haben, was wahrscheinlich nicht einfach war – tut mir leid, tut mir leid; liebe mich, liebe mich. Ich muß jetzt aufhören, denn da ist vieles, worauf ich nicht eingehen kann – Sie müssen es selbst herausfinden. Bis hierher konnte ich Sie mitnehmen, weiter geht es nicht. Der göttliche Plan ist geheim. Kein Mensch auf Erden kennt ihn, denn würde ihn einer kennen, könnte er ihn ändern. Ich kenne ihn auch nicht.

Ich weiß nicht, was ich in 20 Minuten tun werde. Die Behauptung, daß ein Mensch etwas ›weiß‹, ist dummes Zeug. Das Herzland ist verborgen, muß es sein. Ich bin froh darüber; ich möchte für seine Entdeckung in keiner Weise verantwortlich sein. Ich verehre Gott, und ich werde jedem helfen, den ich treffe und dem ich helfen kann. Aber ich möchte auf keinen Fall den Plan sehen. Ich bin glücklich damit, mich im Blindflug durch meine belanglose kleine Welt zu bewegen. Ich bin nicht hier, um etwas zu verändern; ich bin hier, um Ihnen zu zeigen, wie Sie entkommen und aufhören können, zu denken, zu überlegen und sich Sorgen zu machen.

Wenn Sie einen großen Schritt in Richtung Ausgang machen, werden die Gotteskrieger kommen, um Sie zu holen. Vertrauen Sie mir. Ich würde mein Leben darauf verwetten. Ich habe es immer und immer wieder gesehen, und ich habe sie gesehen. Sie sind so prächtig, daß mir die Worte fehlen. Sie sind die Personifizierung Gottes, obwohl sie es nicht wissen.

Wenn ich immer auf meine inneren Botschaften höre und nicht von meinem Weg abweiche, dann werden mich die Gotteskrieger schließlich fortbringen. Wenn das passiert, werden sich die Menschen, die mich kennen, fragen, wo ich hingekommen bin. Natürlich werde ich nicht weiter als einen Meter entfernt sein, aber sie werden mich nicht sehen. Vergessen Sie nicht, die Ewigkeit ist in greifbarer Nähe. Sie sind die Ewigkeit. Wenn die Gotteskrieger mich nicht wegbringen oder wenn ich es nicht aus eigenem Antrieb schaffe oder wenn ich einen Fehler mache, dann werde ich weiterhin nach einem Ausgang in der geistigen Welt suchen. Es gibt eine Menge Seelen, die eine Chance brauchen, der Falle zu entkommen, in der sie sich befinden.

Wir werden uns wahrscheinlich nie treffen, aber wie ich schon in meinem letzten Buch gesagt habe: »Ich will aus der Ferne um Ihren Schutz beten.«

Viel Liebe und guten Lauf!
Stuie Wilde
21. Februar 2001

P.S. Keiner weiß, wie viele letztlich entkommen sind, denn als es ihnen gelang, dematerialisierten sie sich und verschwanden. Einige sind jedoch aus bestimmten Gründen zurückgekommen.

Stuart Wilde
Der Sechste Sinn
Ihr medialer Vorstoß in die Tiefen des Allwissens
336 Seiten, Paperback
ISBN 3-89767-238-3
Nutzen Sie Ihren sechsten Sinn! Wie, das zeigt Ihnen Stuart
Wilde auf seine britisch-humorige Art. Die zahlreichen Übungen ermöglichen es jedem, der sich damit beschäftigen möchte, einen stabilen und sicheren Zugang zur nahezu unendli-
chen Weisheit und Kraft des Geistes zu finden, außerdem
schärfen sie die Erinnerungs- und Wahrnehmungsfähigkeit.

Marlies Holitzka & Klaus Holitzka
Der kosmische Wissensspeicher
Mit allem verbunden sein und es im Alltag nutzen
286 S., s/w-illustriert, Paperback
ISBN 3-89767-129-8
Ein Brückenschlag zwischen der altindischen Akasha-Chronik,
Schamanismus und den modernen Wissenschaften wie bei-
spielsweise Quantenphysik und Quantenmedizin, PSI-For-
schung oder in der Theorie der morphogenetischen Felder.

Marlies Holitzka & Klaus Holitzka
Ganz im Moment
oder: Warum sollte sich ein Tautropfen
vom dem Ertrinken im Ozean fürchten?
Auf der Spur von mehr Klarheit, Gelassenheit,
Weisheit und Erleutung
304 S., s/w-illustriert, Hardcover
ISBN 3-89767-159-X
Eine Fülle von modernen und uralten Überlegungen, zeitlosen
Erkenntnissen, einfachen und praxisorientierten Übungen, weisen Geschichten und Trance-Reisen, die Sie auf Ihrem ganz persönlichen Weg zu mehr geistiger Klarheit, innerer Gelassenheit
und einer weiseren Lebensführung begleiten

Dr. Michael Weiss
Mensch und Management
Energiepotentiale zukünftiger
Unternehmen
176 S., Hardcover
ISBN 3-89767-186-7
Dieses Buch schlägt eine *Brücke zwischen Wirtschaft und*
Spiritualität, Geist und Geld, Arbeit und Liebe. Anschaulich und logisch wird beschrieben, daß sich in der Führungsebene eines Unternehmens die Energien aller Mitarbeiter bündeln und deshalb tiefgreifende
Veränderungen sowie die Erschließung noch brachliegender Potentiale von hier aus erfolgen müssen.

Roland Scholz
Tore zur Anderswelt
Einblicke in eine andere Wirklichkeit
128 S., farbiger Bildband, Paperback
ISBN 3-89767-128-X
In unserer alltäglichen Wirklichkeit mit ihrer lauten
Hektik und der Hetze nach Erfolg ist es nicht immer einfach, einen Zugang zu schamanischem Wissen zu bekommen. Hier vorgestellt ist ein sehr persönlicher, vor allem
aber einfacher Zugang, der jedoch vielleicht auch dem
erfahrenen Reisenden noch neue Möglichkeiten aufzeigt.

Simon Schott • Jeannette Weiss
Die Delphin-Methode
Wie man im wachsenden Chaos des dritten Jahrtausends
glücklich leben kann
128 S., Klappenbroschur
ISBN 3-89767-185-9
In diesem Buch lernen Sie von den Delphinen, wie Sie
mehr Energie erlangen können, wie Sie durch Hilfsbereitschaft diese Energie an andere weitergeben können,
ohne dabei selbst leer zu werden. Sie erfahren, wie Sie
sich einen liebevollen, unterstützenden Freundeskreis
schaffen, wie Sie beinahe spielerisch Ihrer Arbeit nachgehen können und wie Sie lernen, auf Ihre innere Stimme
zu hören.